歴史文化ライブラリー
319

古墳

土生田純之

吉川弘文館

目　次

古墳の存立意義——プロローグ

大伴乃《おほともの》　等保追可牟於夜能《とほつかむおやの》　於久都奇波《おくつきは》　之流久之米多弖《しるくしめたて》　比等能之流《ひとのしる》
倍久《べく》（四〇九六）

（大意）大伴の　遠い先祖の　御霊屋《みたまや》には　はっきりと印を置きなさい　人が知るほどに

始祖墓と古墳

『万葉集』に残されたこの歌は、作者大伴家持《おおとものやかもち》の名族としての誇りがよく伝わってくる。神代（天孫降臨）の昔から天皇に仕えたと伝える大伴氏は、『新撰姓氏録《しんせんしょうじろく》』に「高皇産霊《たかみむすびの》尊《みこと》五世孫天押日命《あめのおしひのみこと》之後也」（記紀では「天忍日命」）と伝える。家持がここで具体的にどの「人物」の墳墓を想定していたか、あるいはその「人物」の（ものと信じていた）墳墓を前にして詠んだ歌であるか否かなど、詳細は不明といわざるをえない。しかし、自らが信じる遠祖《とおつおや》の墓を氏族結集の核として意識していたことは明確に読み取れるのである。

さて、奈良や大阪には全長二〇〇メートルを超える巨大古墳が何基も残っている。なぜあのような「無駄」に巨大な墳墓を構築したのか、今日からみれば謎であろう。もちろん、日本考古学においても早くから主要な研究テーマとなっていた。後述するように、政治的・経済的観点から多くの見解が提示されている。巨大古墳築造の背景は単純ではなく、いくつもの要因が重なっているものと思われる。しかし、以下において私は、まず見過ごされがちな側面――社会的観点から考えようと思う。さきに奈良や大阪には墳丘が全長二〇〇メートル超の巨大古墳が多くあると述べた。両府県合わせて三四基あるが（発掘調査の結果、若干の修正があり得る）、このほかにも岡山県に三基、群馬県に一基の巨大古墳が存在する（これらはいずれも前方後円墳《ぜんぽうこうえんふん》である）。しかし、そもそも古墳は人を埋葬する墳墓である。墳墓本来の目的からすれば、（円形の場合）せいぜい直径二メートル余り、高さ一メートルもあれば十分に機能を果たせる。全長五〇メートルの前方後円墳でも、いや直径一〇メートル程度の後期群集墳中の小規模な円墳でさえ、本来の目的からみれば十分に巨大といえるのである。規模の大きさにこそ、古墳の本来的に持つ意義の秘密が隠されていると思われる。そこで、冒頭にあげた大伴家持の歌に立ち返って考えてみよう。

家持の苦悩

大伴氏は古来連姓《むらじ》氏族として物部《もののべ》氏と並ぶ名族であった。物部氏とともに軍事を掌る氏族として、おそらく五世紀以来王権内で重きをなした。六世紀前半に大伴金村《かなむら》が失脚して一時衰退したが、壬申《じんしん》の乱では一族の馬来田《まくた》や吹負《ふけい》らが大海人《おおあま》皇子側に立って活躍し、天武朝以後ふたたび隆盛に向かった。しかし、奈良時代に入ると次第に藤原氏におされていった。とくに一族内に天平宝字元年（七五七）に起きた橘奈良麻呂《たちばなのならまろ》の乱に関与するものが多く、また家持自身も氷上川継《ひかみのかわつぐ》の謀叛（延暦元年〈七八二〉）や藤原種継《ふじわらのたねつぐ》暗殺事件（延暦四年〈七八五〉）に連座・関与したとして罰せられている。いずれも許されて復位・復官している（種継暗殺事件は家持の死後二〇日余り後のことで、除名〈官職・位階のすべてを六年間剝奪すること〉されたが、大同元年〈八〇六〉桓武天皇崩御に伴い復位されている）が、大伴氏の退潮は著しい。これらの事件はいずれも家持が冒頭の歌を詠んだ天平感宝元年（七四九）より後のことであるが、作歌当時すでに藤原仲麻呂《なかまろ》の台頭がみられ、大伴氏の退潮が予感されていたであろう。

「氏族結束の要」としての始祖墓

以上のようにみるならば、家持の歌は大伴氏にふりかかる危難を予測したうえで、これを乗り切るために始祖墓を結束の紐帯《ちゅうたい》とみなした心情に発することは相違ないであろう。さてこの場合、始祖の墳墓が小規模であった場合、始祖（氏祖）に連なるとの自覚をもつ人々の心情はいかがであろうか。偉大な氏祖の後裔としての自覚や誇りを抱かせるためにも、始祖墓は一定の規模を必要としていたに相違ないであろう。今となっては大伴氏の始祖墓の実態（もちろん実際の始祖墓であるか否かが問題ではない。後裔と信じる人々の心情として、始祖墓と信じられている墳墓のあることが重要である）は不明といわざるをえないが、おそらく相当の規模を誇っていたに相違ないだろう。このように考えると、首長墓としての古墳の多くが不必要なまでに大規模であるのは、こうした心情的背景も関与していたに相違ない。もちろん、家持の時代は古墳造営が衰退して久しく、巨大墳墓の新たな造営は認められていない。そのような時代にあっても、状況によっては大規模墳墓の存在が必要とされるのである。

ところで、弥生後期には各地で直径（一辺）三〇《メートル》以上の大型墳丘墓が造営された。なかには岡山県倉敷市の楯築《たてつき》墳丘墓のように、双方中円形で全長八〇《メートル》を測るものまである。また弥生終末期（一部古墳時代初頭）には、奈良県桜井市纏向《まきむく》に築造された前方後円形の墳丘墓（石塚、ホケノ山、東田大塚《ひがいだおおつか》など）を基準とした一群の墳丘墓が、関東から九州に及ぶ広範囲に築造されている。これを「纏向型前方後円墳」と称して、最古の古墳に分類する学説がある。私はこれらの墳丘墓を古墳とは認めず、同じく纏向の地に造営された箸《はし》墓《はか》古墳（前方後円墳、二八〇《メートル》）を最古の古墳と認める立場にある。この点については、「古墳からみる政治構造」の章で詳細に検討するが、以後「纒向型前方後円墳」を古墳以前の墳丘墓とみなして記述を進める。

さて今日、われわれは各地に残る江戸時代大名の奥津城《おくつき》をみることができるが、そこには巨大な墓石と墓前に置かれた家臣献納になる多くの灯籠群をみることがある。こうした墓地も墳墓という目的からすれば必要以上に大掛かりであり、今日その維持に窮している事例も多いのである。藩主墓を中核として藩の結束を視覚化するという目的が垣間みえよう。もちろん、藩主家に気を使う家臣団の心情、すなわち政治的目的もまた大きな要素であることに相違ないだろう。さらに、江戸時代には身分に応じた墳墓や棺の形態があり、死後の世界にまで差別化が図られたことが判明している。したがって、墳墓の持つ政治的意味にも大きな比重のあることを認識するのである。こうして古墳にとどまらない、通時代的な墳墓の持つ社会的そして政治的意義を再確認するのである。

本書の視点

本書は編集部から「古墳」というテーマのみ与えられ、内容についてはとくに注文がなかった。執筆依頼を受けた当時は古墳の成立から終焉を跡付けたうえで地方差や外形、埋葬主体部、副葬品などの逐一について概観することも想定した。しかし、このような内容はすでに類書も多い。そこで、本書では古墳構築の意義についての考察に多くを割き、上に述べたような概観は必要最小限にとどめるつもりである。

なお、本書では奈良・大阪・京都南部を指す用語として畿内を用いる。本来、畿内は古墳時代より後の律令時代になって使用された地名であるが、現状では上記地方に用いる適当な地名がないため、仮に使用することをあらかじめ断っておきたい。また本書の中で古墳時代の時期区分にもとづいて説明する際、前期・中期・後期という用語と前半期・後半期という用語とが混在する。現在古墳時代の時期区分は、前・中・後期の三時期区分法と前期・後期の二時期区分法が併用されている。私は五世紀後半の画期（二時期区分の場合、前期と後期の境界、三時期区分の中期と後期の境界に相当。なお三時期区分の前期と中期の境界は四世紀後半に比定されている）を重視する立場であるが、四世紀後半にも無視できない変革が存在するため、必要に応じて両区分法を併用する。したがって、前半期および後半期と記した箇所は二時期区分法にもとづいている。

始祖墓としての古墳

始祖墓の諸相

保渡田古墳群

群馬県高崎市保渡田《ほどた》には五世紀第3四半期の井出《いで》二子山《ふたごやま》古墳（前方後円墳、全長一〇八メートル、以下井出省略）を嚆矢《こうし》として三基の大型古墳が継続的に構築された首長墓群——保渡田古墳群が存在する。

さて、五世紀中葉には鉄器の革新と普及があり、開墾道具が大幅に改良された（都出《つで》比《ひ》呂志《ろし》　一九八九年）。それまで鍬《くわ》あるいは鋤《すき》は、鉄板の両端を折り返して木製の柄《え》に取り付けていただけであったものを、鉄素材の一部を袋状に加工してそのなかに柄を挿入する形にした。柄部との装着がしやすく固着性も飛躍的に進んだ。その結果、各地において開墾が急速に進み、生産量の大幅な増大がみられたものと思われる。当地においても新たに開

1　保渡田古墳群図

墾がなされて、多くの人々が定住するようになる（坂口一　一九九〇年）。豪族居館として有名な三ッ寺遺跡（居館として機能した時代も三基の首長墓とほぼ同時期である）も至近の距離にあり、これらの墳墓に埋葬された首長たちの生前における活動拠点であったに相違ないであろう。二子山の後は保渡田八幡塚古墳（五世紀第4四半期、九六メートル、以下保渡田省略）、薬師塚古墳（六世紀初頭、一〇〇メートル＋α）とつづく。しかし、六世紀初頭に起きた榛名山《はるなさん》二ッ岳の噴火による被害が激しく、首長をはじめ多くの人々は当地から活動拠点を移動した（若狭徹　二〇〇七年）。

ところで本古墳群は上記したところで明らかなように、五世紀第3四半期から六世紀初頭にかけて継続した三代の首長を葬った墳墓であると思われる。①築造地が指呼《しこ》の距離（二子山→八幡塚→薬師塚と築造順に北側へ移動。各々の外堤間は二〇〇メートル以内の位置にある）にあるほか、②二子山と八幡塚には内堀の同様の位置に計四ヵ所の中島があること、③二子山と薬師塚の主軸は方向が揃えられていること、さらに八幡塚はこれと直角の位置をとっていることなど、いずれも三古墳の有機的な関係を示すものとみてよいであろう。この保渡田古墳群は東国有数の首長墓系列として国史跡に指定され、公園整備の目的で墳丘をはじめ周囲に何本ものトレンチを設けて綿密な発掘調査が実施された。その結果、二子山古墳の前方部正面と北側面の外方には計一三基の円墳（3・10号墳は帆立貝形）をはじめ、小石槨《せっかく》、土坑《どこう》（墓）、埴輪《はにわ》円筒棺など多様な埋葬施設が検出されている。小石槨と土坑には遺物がなく年代は不明であるが、古墳は樹立された埴輪によって上述の通り五世紀後半から六世紀後半にかけて築造されたものである。とくに二子山古墳築造の直後に相当する五世紀第4四半期には、3・10号墳を含む九基が築造されている。しかし、他の首長墓である八幡塚古墳および薬師塚古墳の周囲には、二子山古墳の周囲にみられた小規模古墳などの埋葬施設は認められていない。さきに述べたように、現地は公園整備のための綿密な調査が実施されており、本来これら古墳の周囲には小規模古墳などの築造はなかったか、存在したとしてもごく少数であったものと思われる。

二子山古墳

さて、同様の首長墓が至近の位置に三基築造されていながらなぜ二子山古墳の周囲にのみ小規模墳などの埋葬施設が構築されたのであろうか。私は二子山古墳の被葬者が当地開発のリーダーとして、後世に至るまで崇敬されていたためではないかと考える。つまり、二子山古墳は当地開発集団の人々やその後裔たちにとって偉大な始祖であり、彼の墳墓は、彼が率いた集団の紐帯として死後も大きな意味を有していたのである。二子山古墳被葬者の次代、次次代の首長も偉大な始祖にあやかり同様の権威

2　森将軍塚古墳

を維持するためには、類似の奥津城《おくつき》を用意する必要があったであろう。しかし、他の一般成員にとって始祖である二子山古墳の被葬者は唯一の存在であった。このことが死後一世紀を経た六世紀後半に至るまでの長期間にわたって、始祖墓の周囲に永眠の地を選んだ理由であったものと思われる。

森将軍塚古墳

森将軍塚古墳《もりしょうぐんづか》は、長野県千曲市《ちくま》の有明山から北東にのびた尾根上に所在する前期古墳である。墳丘の全長は約一〇〇㍍《メートル》を測る大型前方後円墳であるが、やせ尾根上に構築されたため、全長に見合った十分な幅が取れなかった。そのためにいびつな形態となっており、後円部は台形のような形状となっている。本墳の構築時期は四世紀中葉と考えられるが、これは北信（善光寺平）における最初の首長墓としての古墳である。

その後、築造地を移動させながら五世紀中葉まで継続的に大型古墳を構築する。この首長墓築造地の移動には重要な歴史的意味が内包されているが、詳細については後述する。

さて、本墳は墳丘内やその周囲において、築造当初の埋葬からおよそ三〇〇年の後にまでおよぶ付帯的な埋葬が行われつづけたことが注目される。もちろん、一墳丘内に複数の埋葬施設が設置されることはさして珍しいことではない。実際、森将軍塚につづく首長墓の中にも複数の埋葬施設を有する古墳が知られているのである。しかし、それらの大半はおそらく主たる被葬者（誰を埋葬するために構築したのかという意味において、目的の対象となった被葬者を以下「主たる被葬者」と呼ぶ）と直接面識を有する関係の人々にかぎられており、したがって主たる被葬者埋葬後、せいぜい数十年の範囲に収まる時期のものに限定されている。ところが、本墳はさきに述べたように主たる被葬者の埋葬後非常な長期間にわたって付帯的な埋葬施設が構築されつづけたのである。これらの付帯的な埋葬施設のなかには、森将軍塚の墳丘内に設けられたものは当然のことであるが、墳丘裾部に設定されたものも含めて独立の墳丘をもたない小型埋葬施設がある。すなわち箱形石棺が六五基、埴輪棺が一二基である。なかには18・29号石棺のように六世紀中葉に比定できるものも含まれている。さらに驚くべきものとして、森将軍塚の周囲に構築された一三基の小型古墳

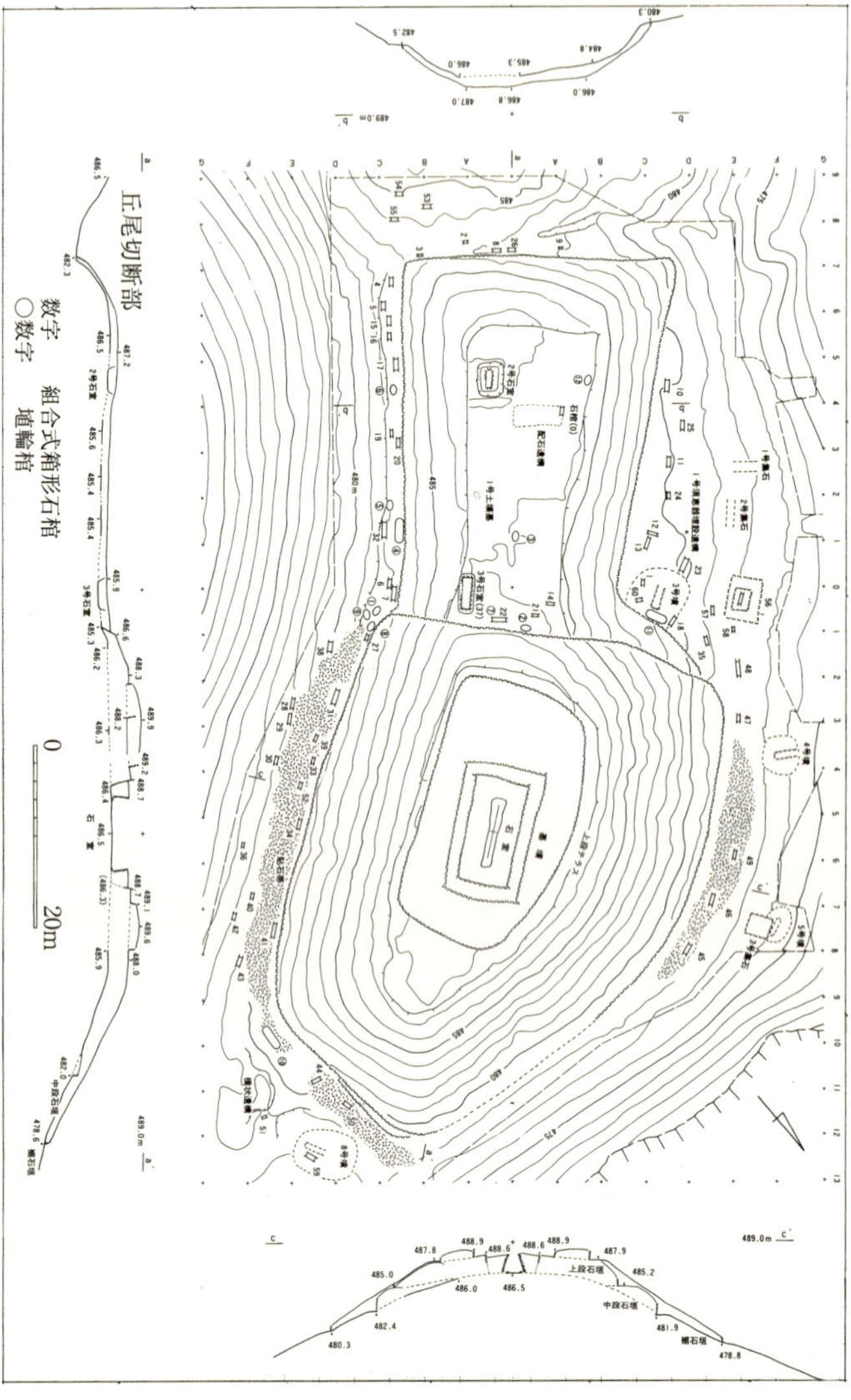

3　森将軍塚古墳図

がある。さきに述べたように、本墳はやせ尾根上に構築されており、そのためいびつな墳丘形態にならざるをえなかった。そのような地形にもかかわらず、小規模とはいえ一三基もの古墳を構築しているのである（方墳と形態不明各一基のほかはすべて円墳。また最大規模は、五世紀第2四半期とこれら小規模墳中最古の2号墳で直径二〇メートル、最小は形態不明の12号墳を別とすれば六世紀中葉の8号墳が直径四メートルである）。さらに、12号墳は七世紀後半の構築であることが判明している。森将軍塚古墳の築造後、実に三世紀以上もの歳月が流れているのである。

ところで、大型古墳への埋葬行為がいったん途切れてから相当の日時を経たのちに墳丘を利用する形で埋葬行為を復活させる例が知られている。これを「再利用」と称しているが（間壁葭子《まかべよしこ》　一九八二年）、本墳の場合、主たる被葬者を埋葬して後、時間的な空白なく継続的に埋葬がつづけられている。したがって、「再利用」とはまったく原理を異にした事象である。

ところが、既述の善光寺平において森将軍塚古墳以後陸続として構築された首長墓やその周囲には付帯的埋葬施設が認められていない。その点において両者の対比は際立っている。さきに見た保渡田古墳群の場合と同様の現象とみてもよいのではなかろうか。代々の首長墓のなかでも初代の墳墓、すなわち始祖墓としての特別な意味が背景にはあるであろう。善光寺平の場合、四世紀中葉から五世紀中葉までの首長墓系列があり、代々築造地を移動させている。これに対して保渡田古墳群は五世紀後半から六世紀初頭で、築造地は固定されており首長墓相互は指呼の位置にあった。このように顕著な相違をもちながら、始祖墓に対する後裔たちの熱い思いには何ら異なるところがないのである。

古墳文化の最北端

山形県置賜《おきたま》地方は、周囲を山地に囲まれた小世界である。当地は和銅五年九月己丑（七一二年九月二三日）の出羽《でわ》国建国にともなって、同年一〇月丁酉朔日出羽国に移配された。それ以前は陸奥《むつ》国に所属していたのである。当然ながら、古墳文化も福島・宮城両県との共通性が高い。とくに置賜地方は、奥羽《おうう》山脈の西側における継続的な古墳文化享受の地としては最北端であるといえよう。置賜地方よりさらに北方の山形盆地にも古墳は構築されているが、横穴式石室の導入がないことをはじめ、古墳文化受容の実態にはやや変容が多く認められる。山形盆地のさらに北方においては盛土墳の形態をとる墳墓の受容が相当に遅れており、奈良時代以後に導入される地域が多い。

戸塚山古墳群

さて、現在米沢《よねざわ》市に所属する戸塚山《とつかやま》古墳群は、同じく置賜地方川西町に所在する下小松《しもこまつ》古墳群と並んで総数二〇〇基を超える山形県下有数の一大古墳群である（戸塚山古墳群は戸塚山塊に築造された古墳の総称であり、いくつかの古墳群からなる）。両者には古墳群形成過程に類似した状況が窺えるのであるが、以下では戸塚山古墳群を代表的に取り上げることとする。

戸塚山古墳群は米沢市街から東北に約五キロ隔たった独立丘・戸塚山の西側山麓を中心に展開している。戸塚山の山頂部は標高三五六メートルで麓との比高差は一三〇メートル前後とさほどの高さはない。しかし、周囲が平野で遮るものがないために遠方からでもよく視認できる。戸塚山古墳群は現在米沢市教育委員会によって発掘調査が実施されており、過去の調査とあわせ古墳群形成過程の大要が判明しつつある。それによれば、戸塚山山頂部に主軸長五四メートルを測る139号墳（前方後円墳）を中心として三基の古墳（139号墳のほかに、137号墳〈直径二四メートル〉と138号墳〈直径一五メートル〉の造出付円墳二基）がある。また139号墳より東南にのびて降る尾根筋には、一基の方墳（140号墳、一辺一五メートル）が一五〇メートルを隔てて築造されている。これら四基を山頂古墳群と呼んでいる。山頂古墳群以外の戸塚山古墳群はいずれも造出などをもたない小円墳であることから、山頂古墳群の特異性が窺えるのである。

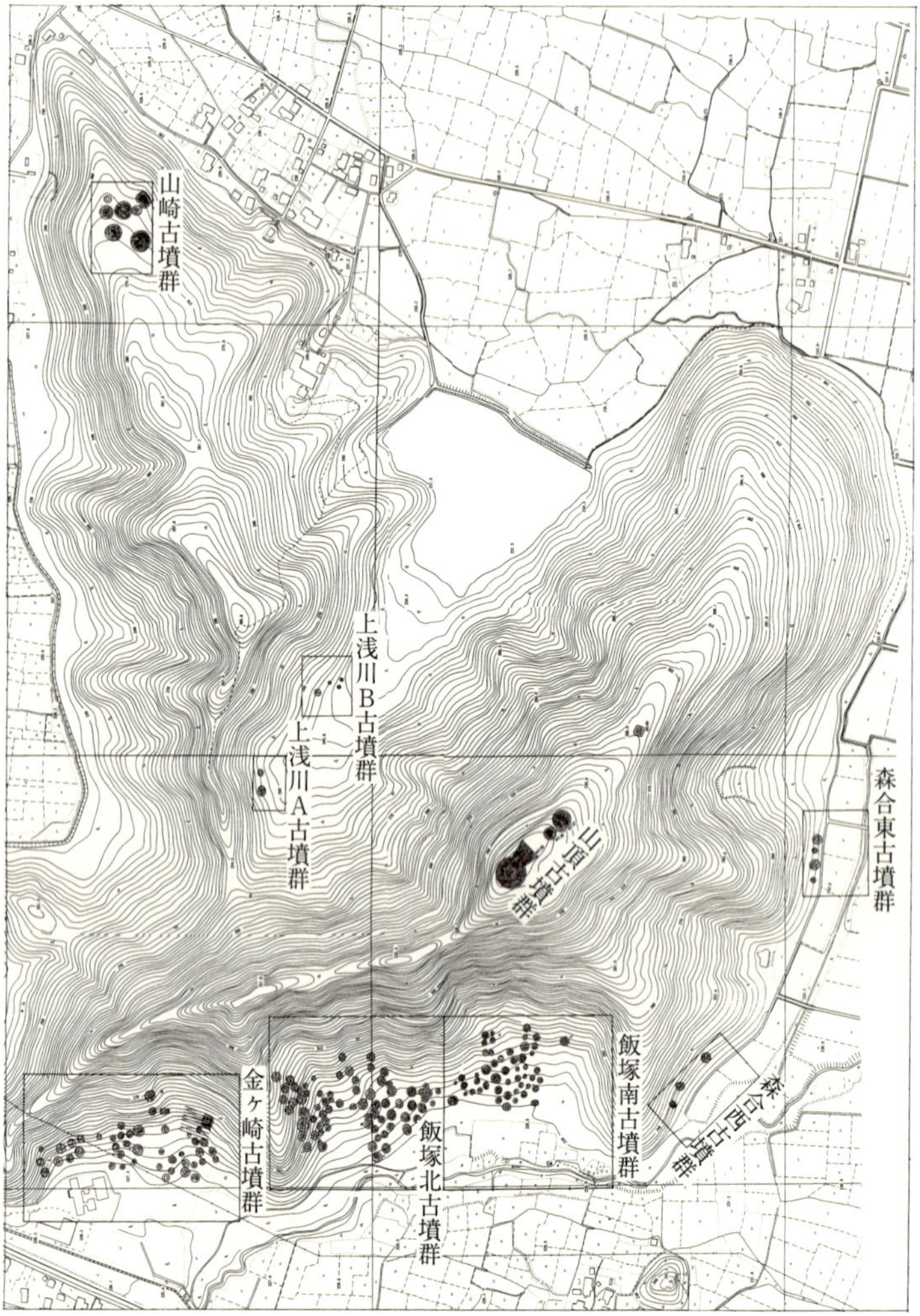

4　戸塚山古墳群図（左側が北，方格線は500m単位）

さて、137号墳はかつて米沢市教育委員会によって発掘調査が行われた。その結果、内部構造は組み合わせの箱式石棺で、内部から竪櫛《たてぐし》三点と鹿角装刀子《とうす》一点が出土した。これらの出土品から年代を詳細に決定することは難しいが、内部構造や墳丘の形態ともあわせておよそ五世紀後半を中心とした年代が与えられている。山頂古墳群の他の古墳については、137号墳前後の年代が想定されている。いずれも具体的に年代を決定する根拠に欠けるが、戸塚山古墳群を構成する他の古墳群、とくにその大半が所在する山塊西麓の古墳群〈金ヶ崎古墳群、飯塚古墳群北・南両支群、計約一七〇基〉が小規模な円墳のみ存在する状況とは明らかに様相が異なっており、両者には以下に述べるように少なく見積もっても一世紀近い年代差が想定されるのである（なお、戸塚山東北部の山麓に所在する山崎古墳群〈七基、円墳〉は、近年の調査によって山頂古墳群に近似した年代が考えられる。しかし、微視的にみると山崎古墳群の立地する尾根筋と山頂古墳群との間には谷があり、山崎古墳群から山頂古墳群は視認できない。また山頂古墳群の北側には上浅川AおよびB古墳群〈計六基、円墳〉が、南側には森合東および西古墳群〈計七基、円墳〉がある。これらは分布調査や現状観察の結果、いずれも八世紀に下るものであるとの想定がなされている）。

戸塚山西麓の古墳群は、不明の一基を除いて内部主体はすべて横穴式石室である。置賜地方における横穴式石室の初現期については、①六世紀後半に遡上するという説（加藤稔　一九九〇年、高橋千晶　一九九七年）と②七世紀の中葉に求める説（川崎利夫　二〇〇一年、北野博司　二〇〇四年）の両説が対立しておりいまだ決着をみていない。しかし、いずれにしても横穴式石室の導入時期を六世紀中葉に求めることは無理である。したがって山頂古墳群構築活動の終焉期から戸塚山西麓古墳群の造墓開始時期まで、少なくとも一世紀に近い時期差を見込んで間違いないであろう。

すでに述べたように戸塚山は独立丘であり、山頂に所在する古墳群――とくに全長五四メートルを測る前方後円墳（139号墳）の存在は、横穴式石室墳の構築者たちにとって意識せざるをえなかったであろう。むしろ山頂古墳群の存在が、これら西麓古墳群における造墓活動を誘因したものと私は考えている。すなわち、井出二子山古墳や森将軍塚古墳同様、偉大な始祖墓を中核としてその周辺に造墓することが、古墳群造営者たちの結束を促すことになったのであろう。ただ戸塚山の場合、上述した他の事例とはいささか様相を異にしている。つまり、二子山古墳や森将軍塚古墳では造墓後さほどの空白期間を経ないで連続的に従属的な古墳（付帯的埋葬施設）が構築されていた。これに対して戸塚山古墳群では、始祖墓と従属的古墳との間には一世紀以上にもおよぶ時期差が考えられるのである。

さて、井出二子山古墳や森将軍塚古墳の場合、少なくとも当初の従属的古墳（付帯的埋葬施設）は、始祖と同時代を生きた人々であり、両者には人格的なつながりが存した可能性が強い。これにつづいた被葬者もおそらく彼らの末裔であり、始祖との系譜関係や先祖が有していた人格的つながりを梃子《てこ》に墳墓の地を選択したものと思われる。しかし戸塚山古墳群では一〇〇年以上の空白期間があり、実際には始祖との系譜関係や先祖が人格的関係を有していたか否かについて、証明するすべはなかったであろう。彼らがそのように「信じている」という事実のみが存在したにすぎないものと思われる。また戸塚山古墳群の場合、山頂古墳群を仰ぎみる位置に造営された西麓の古墳群は約一七〇基と非常に多数であることが注目される（森将軍塚古墳の従属・付帯的埋葬施設も合わせて九〇基あるが、古墳は一三基のみで、他は単体埋葬施設である。しかし戸塚山古墳群の場合は、ほぼすべてが横穴式石室墳であり、追葬が可能である。したがって両者は基本的に異なっているといって間違いないであろう。また現地は早くから果樹園となっており、破壊された古墳も少なからず存在するものとみてよいであろう）。

始祖墓の二つの姿

戸塚山古墳群と同様の事例は他地方においても認められているが、後世の古墳は基本的に群集墳として存在しており、大半が六世紀以後（六世紀後半以降に集中）に形成されたものである。おそらく、このような「類型」は、擬制的《ぎせいてき》同祖同族関係が墳墓に顕現化されたものとみて相違ないであろう。すなわち、畿内勢力による「地方経営」の動きを直接の契機とするのである。しかし、なお畿内は地方勢力を圧倒するまでの力はなかった。そのため、在地の論理や勢力も無視しがたく、在地首長のもとに在地民を編成する（あるいはすでに在地首長によって編成された集団を「部民《べみん》」とする）ことによって「地方経営」を行い得たものと思われる。そのためにもかつての在地首長墓は有用であった。すなわち、このような大型古墳を紐帯として利用したのであろう（とくに東北は、畿内の働き掛けによって関東から多くの人々が移住させられており、彼らをも在地豪族のもとに編入することが軋轢《あつれき》の少ない経営方法であった。その意味でも始祖墓の存在は大きかったであろう）。ところが、このような始祖墓と従属墓の構築時期にみられた二相は、そのいずれもが古墳文化の中心地である奈良や大阪においても認められるのである。そこで、つぎにこのような事例を概観しておこう。

畿内の始祖墓

大型古墳と群集墳

かつて白石太一郎は、畿内大型群集墳の隣接地には巨大古墳が認められることから、両者の間には有機的な関係が想定されるものと考えた（白石太一郎　二〇〇〇年）。白石があげた事例は、①鳥屋《とりや》ミサンザイ古墳（宣化《せんか》天皇陵、前方後円墳〈以下前方後円墳省略〉、全長一三八メートル）・枡山《ますやま》古墳（方墳、一辺八五メートル）と新《にい》沢千塚《ざわせんづか》古墳群、②行燈山《あんどんやま》古墳（崇神《すじん》天皇陵、二四〇メートル）・渋谷向山《しぶたにむこうやま》古墳（景行《けいこう》天皇陵、全長三〇〇メートル）と龍王山《りゅうおうざん》古墳群、③室宮山《むろのみややま》古墳（全長二四五メートル）と巨勢山《こせやま》古墳群、④松岳山《まつおかやま》古墳（一五〇メートル）と平尾山千塚《ひらおやませんづか》古墳群の四例である。

①はミサンザイ古墳が六世紀前半、枡山古墳は五世紀前半〜中葉ごろに比定されている。

これに対して新沢千塚（約三七〇基）はその範囲を巡って異説があり厳密には決しがたい。しかし、群形成の中心が五世紀後半から六世紀後半にかけての約一五〇年間であることに相違ないものと思われる。新沢千塚は他の古墳群とは異なり、小規模古墳ばかりではない。しかし、六世紀代には小規模な円墳が大半を占めていたようで、この点では他の古墳群とも通じる。したがって両者の関係は、大型古墳の築造を契機として群集墳が形成されるようになったものと考えてよいであろう。

②の大型古墳は行燈山古墳や渋谷向山古墳を中心とした前期大型古墳が集中する柳本《やなぎもと》古墳群としてよく知られている。大量の三角縁神獣鏡《さんかくぶちしんじゅうきょう》が出土したことで有名な黒塚《くろつか》古墳も近辺に所在している。異論はあろうが、行燈山古墳を四世紀前半、渋谷向山古墳は四世紀中葉をそれぞれ前後する時期に比定しておく。これに対して龍王山古墳群は墳丘墓と岩盤を掘り込んで墓室を造成した横穴墓とが共存する数少ない事例であり、各々三〇〇基、計約六〇〇基を擁する一大群集墳である。いずれも六世紀後半から七世紀代にかけて築造された小規模なものであり、柳本古墳群（五世紀初頭を境に大型古墳の造営は終焉する）とは二〇〇年近い時期差がある。

③は奈良盆地の西南部にある巨勢山山塊に築造された群集墳（巨勢山古墳群、約四〇〇

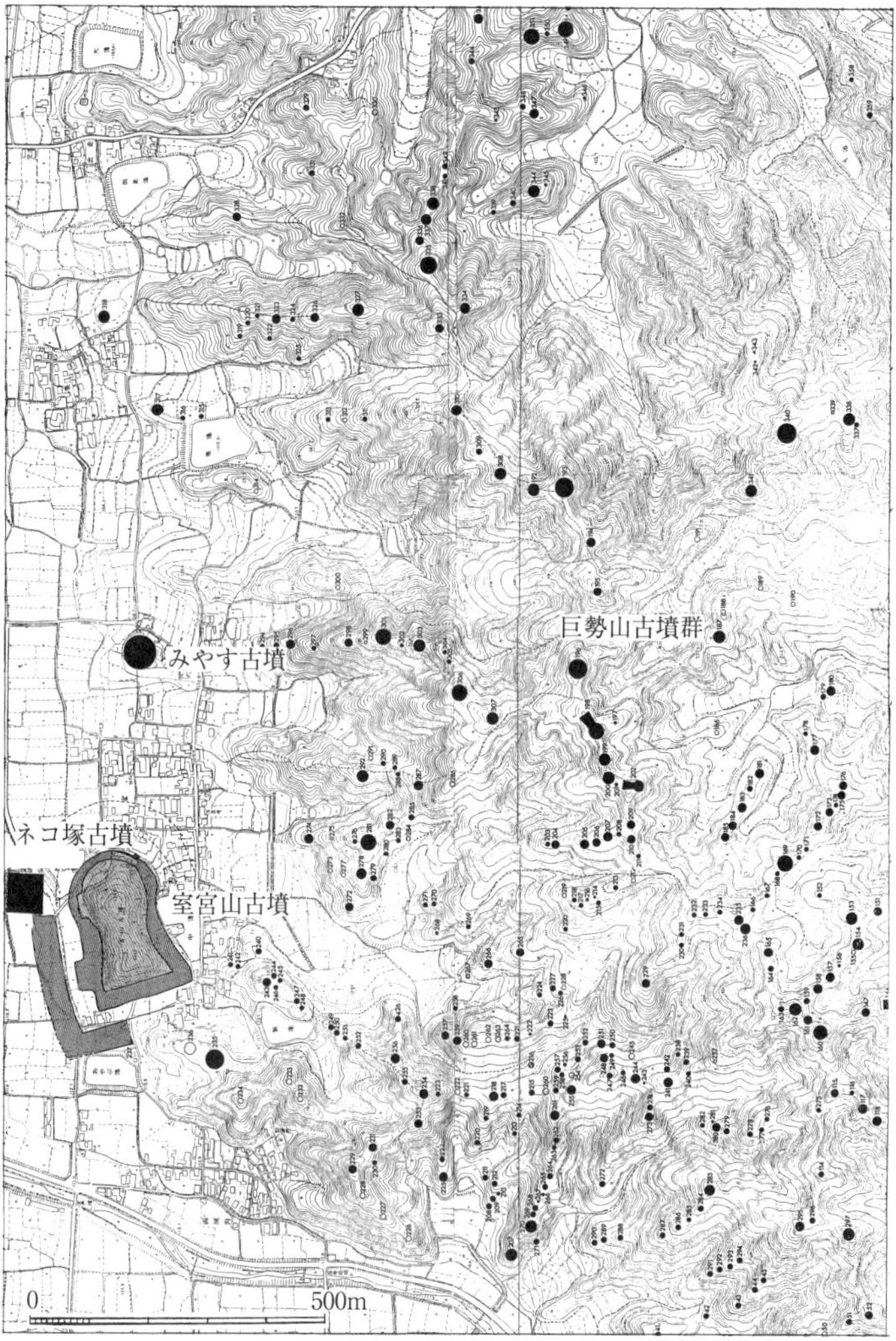

5　室宮山古墳と巨勢山古墳群図

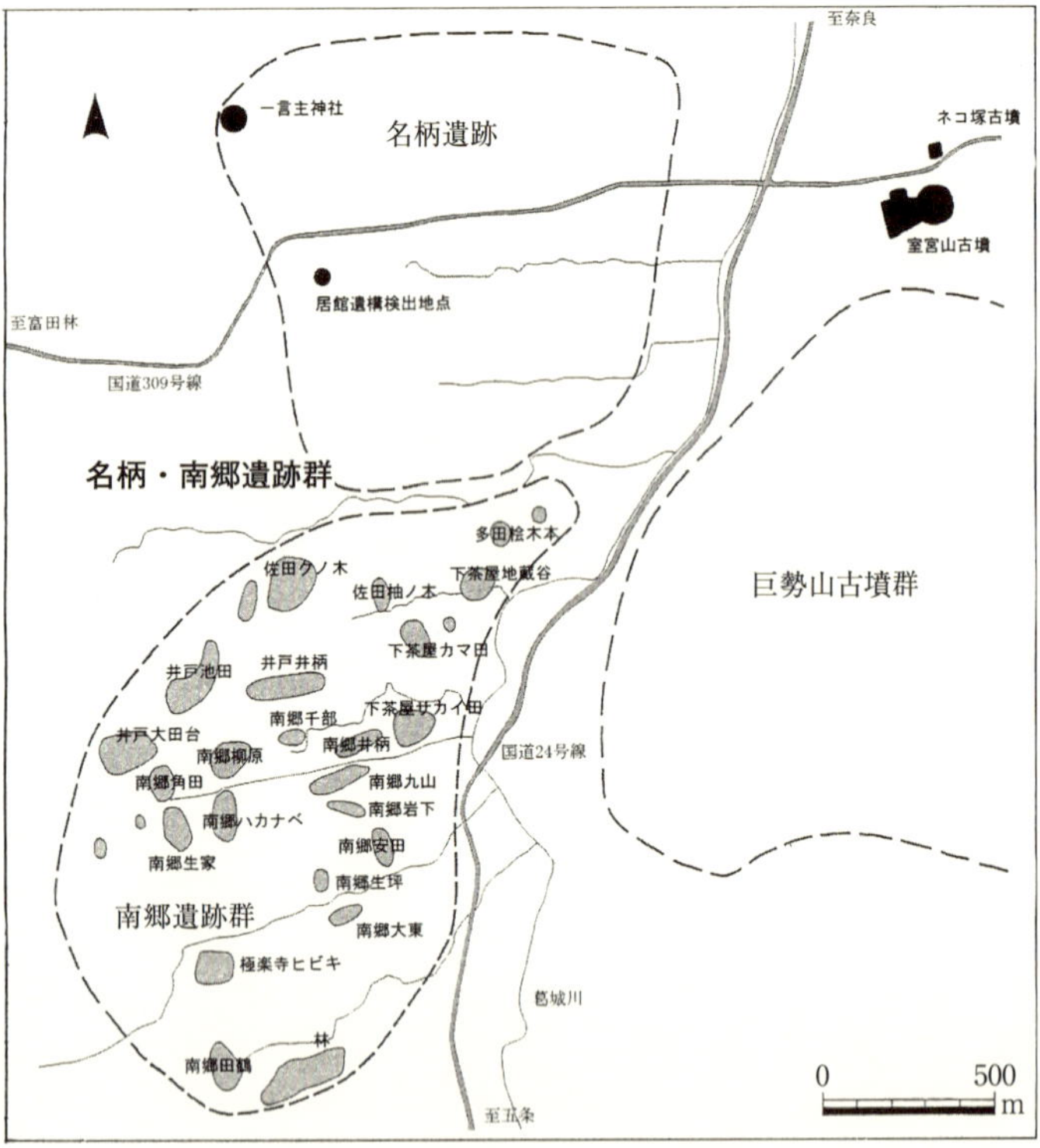

6　室宮山古墳と名柄南郷遺跡群図

基）と、その北麓に築造された巨大前方後円墳の室宮山古墳およびその陪塚《ばいちょう》的性格が想定されるネコ塚《づか》古墳（方墳、一辺六〇メートル）、みやす古墳（円墳、直径五〇メートル）とが対比的に展開する。前者は三基の中・小型前方後円墳と方墳一基のほかは円墳のみである。すべての時期を決することはできないが、御所《ごせ》市教育委員会の調査によればおおむね六世紀前半から七世紀代にかけて構築されたものである。これに対して室宮山古墳等は四世紀末を前後するころに築造されたものと考えられる。以上にあげた古墳の西から西南にかけて、五世紀代の豪族居館や手工業生産を生業とする一般集落などが集中する長柄《ながら》・南郷《なんごう》遺跡群が所在する。いずれも古代の大豪族葛城《かつらぎ》氏関連の遺跡と考えられている。

④は生駒山塊の南端に所在する平尾山古墳群と、大和川を挟んで南に対峙する位置に所在する松岳山丘陵上の松岳山古墳（全長一三〇メートル）など九基の古墳である。平尾山古墳群は、安村俊史の精力的研究によって約六〇〇基もの数が数えられるにいたった（安村俊史二〇〇八年。なお、同書では雁多畑《かりんとばた》支群等周辺の古墳群をも含めて総数一五〇〇基強を数えているが、本書では安村著書で平尾山支群とされる一群のみを対象としている）。すべてが小規模な円墳であり、六世紀から七世紀代の横穴式石室を内蔵するものが大半である。これに対して松岳山丘陵の古墳は四世紀後半を中心とする前期古墳群である。本例は他と異なり、

7　松岳山古墳と平尾山千塚古墳群図

両者の間に大和川を挟んでおり、視覚的にも明確に墓域を異にする。しかし、白石によって指摘されたとおり、平尾山古墳群からは眼下に松岳山古墳が望める。白石は「平尾山千塚を形成した集団が、その共通の墓域としてこの地を選んだ最大の理由は松岳山古墳の存在であ」(二六四ページ)ると考えているが、私も後述するように同感である。

大型古墳と群集墳の近接

松岳山古墳の存在が平尾山古墳群の形成を促したとする白石の説を紹介したが、白石も表明するように実は上記したすべての大型古墳が後世(一部は併行する時期)の群集墳形成を誘因したと考えている。つまり、井出二子山古墳、森将軍塚古墳、そして戸塚山139号墳同様、これらの畿内大型古墳は後世の人々に始祖墓として認識されていたものと思われる。ただし、森将軍塚古墳など東国の事例同様、畿内においても二つの相がみられる。すなわち、一つは①のように大型古墳の構築と同時期、もしくはその直後から群集墳をはじめ付帯的な埋葬施設の造営が開始されるもの。他は大型古墳の構築から相当の年月を経て、初めて付帯的な埋葬施設の造営が開始されるものである。両者は、一見して異なっているようにみえる。前者の場合、付帯的埋葬施設のうちの初期のものは、大型古墳の被葬者を人格がともなった形で知る人の墳墓である。これに対して後者の場合、大型古墳の被葬者、あるいはそのように考えられていた「人物」は、もはや伝説的存在となっていたに相違ないであろう。

ところが、観点を変えれば両者は本質的な部分で共通しているともいえるのである。つまり、実在の人物であれ空想の人物であれ、特定集団（氏族）結合の中核となる墳墓が同族の形成と維持に果たした役割にはきわめて大きいものがあり、これが大型古墳築造の意義のうち無視しがたい程度の比率を占めていたものと思われるのである。

同族系譜の成立

さて、白石によれば①は大伴氏の族長墓と構成員の共同墓地であり、②は六世紀の大王家（当然初期の大王からの一系を主張）が、中小氏族を自己の支配下に組み込む目的で、行燈山古墳の被葬者等初期の大王を媒介させたうえで彼らを束ねて設定した擬制的同祖同族関係にもとづいて「始祖（初期の大王）墓」の近くに設けた共同墓地であるという。つまり、共通の先祖にたどりつくという同族意識を統治に利用したのである。そして、そのことを明白化するための装置として、共同墓地を用意したのであろう。また③は当時おそらく宮山古墳が建内宿禰《たけうちのすくね》墓と考えられていたが、これを共通の先祖とする擬制的同族の共同墓地とみる。④は後世の記録などから平尾山古墳群などの群集墳を渡来人とその末裔たち、すなわち渡来系氏族の墳墓とみたうえで、それら群集墳の被葬者たちは松岳山古墳などについては彼らの偉大な先祖たる最初の渡来人とみなしたものであろうと考えた。いずれにしても、これらの大群集墳は地元の人の墳墓のみではありえず、大型古墳を核とする広範な地域にまたがって生活する人々＝同族墓と考えてよいであろう。

以上のようにみると、畿内では早くも五世紀中葉には同族結合の萌芽がみられ、遅くとも六世紀中葉までに本格的な形成が始まっていることを確認できるのである。この点、地方によっては同族形成が相当に遅れることを、古墳群の形成過程から読み取れるのである。また大型古墳に付帯する形で形成された小規模墳についても、畿内のような大群集墳は他地方においてはほとんどみられない。逆に森将軍塚古墳や保渡田の井出二子山古墳のように、各時期に少数の付帯的埋葬施設が長期間にわたって築造されつづける例が目立つ。このことから、必ずしも特定の地域と密着しない同族集団の形成にみる畿内の先進性が窺えるのである。

首長墓と群集墳

首長墓・群集墳と共同体

以上の諸例から明らかなように、大型古墳の場合、畿内・「地方」とも大規模な墳丘を必要とした理由の一つに、特定集団結束の要としての役割が考えられた。特定集団の内実について、前半期は地域共同体が、後半期には擬制的な同祖同族が卓越するようであるが、もちろん上記したように地方差もあり、汎列島的範囲にわたっていっせいに転換したわけではない。また、同祖同族についても真正の場合と擬制的な場合があろう。さらに、真正であれ擬制的であれ、首長層と一般成員との関係にはさまざまな形態のあることが予測される。そこで、以下で首長墓と群集墳の立地から両者の関係について考えてみることにしよう。この場合、「伝説上の始祖の墳墓」との関係ではなく同一時期に生存した――つまり人格的な関係が想定される首長と一般成員の墳墓を対象とすることが肝要である。したがって、両者の形成時期が同一時期であることが分析の対象を選定するための前提となる。

杣之内古墳群と園原東方古墳群

杣之内《そまのうち》古墳群と園原《そのはら》東方古墳群は天理市街の東部に所在する。前者が前方後円墳を中心とした大型古墳（首長墓）で構成されているのに対し、後者は直径一〇㍍前後の小規模な円墳のみによって構成される群集墳である。また後者は石上神宮《いそのかみじんぐう》の南方、大和高原から西方の盆地に向かって派生する尾根上を中心とする立地であるのに対し、前者はその西方、盆地の東端部に占地している。以下では両者の築造年代の検討から始めよう。

杣之内古墳群では前期から造墓活動が認められるが、中期にはいったん活動が休止される。後期になってふたたび活動が盛んとなるが、六世紀代には東西両乗鞍《のりくら》古墳、笠神山《かさかみやま》古墳、小墓《こばか》古墳が築造されている。いずれも全長一〇〇㍍近く、当該期では大型の前方後円墳である。六世紀末以降になると直径六〇㍍の大型円墳・塚穴山《つかあなやま》古墳が、次いで七世紀中葉の峯塚《みねづか》古墳（円墳、直径三六㍍）が築造された。これに対して園原東方古墳群（約六〇基）の詳しい造墓時期は不明であるが、内部主体の状況などからみて六世紀～七世紀にか

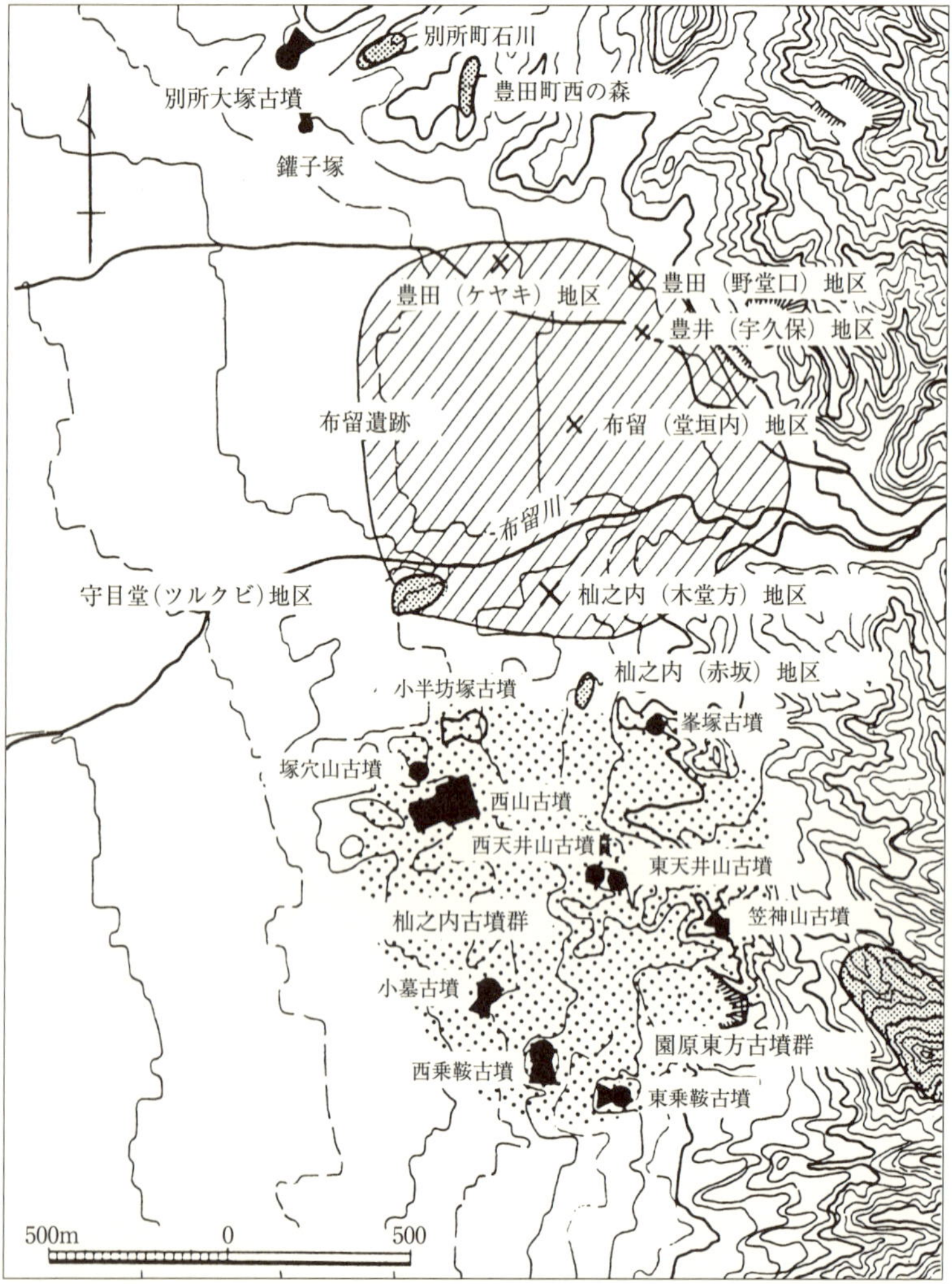

8　杣之内古墳群と園原東方古墳群等図

けて築造されたものと考えられる。

以上から両者の造墓時期が重複することは明らかである。その立地状況は、さきにみた室宮山古墳と巨勢山古墳群の関係に似ている。現地に立てば明らかであるが、両者の造墓地区は明確に分離されていたものとみて間違いないであろう。

しかし、当地区における古墳の構成は、単純に上記二者からなるのではない。実は杣之内古墳群の北端に、赤坂古墳群（一九基）、およびツルクビ古墳群（五基）という小型古墳からなる群集墳が存在する。両者とも五世紀後半〜末に築造を開始した。ツルクビ古墳群は短期間のうちに造墓活動を終えるが、赤坂古墳群は六世紀末まで造墓活動が確認され、七世紀前半に至るまで追葬が行われていた。これらの古墳から顕著な副葬品は出土しなかったが、赤坂古墳群に所属する多くの古墳から鉄滓《てっさい》が出土した。また、本古墳群のわずか五〇㍍南に、全長約三〇㍍と小型ながら前方後円墳の北池古墳（五世紀末〜六世紀初頭）が所在している。これらを総合すると、赤坂・ツルクビ古墳群の被葬者は杣之内古墳群の被葬者に隷属して鉄器生産に携わった人々であり、北池古墳の被葬者は杣之内古墳群被葬者の配下にあって鉄器工人の監督を担当していた人物であったと考えられるのである。後述するように布留《ふる》遺跡はとくに六世紀前半以降、大阪府柏原市大県《おおがた》遺跡と並んで王権麾下《きか》の鉄器生産遺跡として重要な位置を占めており、鉄器生産に携わった隷属者は物部《もののべ》氏を通じて王権に奉仕する存在であった。

以上から天理市街東部にみる状況は、相当に複雑な社会階層を反映したものとみてよいであろう。首長（杣之内古墳群）とその配下（園原東方古墳群）の人々が社会の基礎を構成する一方で、首長に隷属する工人（赤坂・ツルクビ古墳群）と彼らを監督する工人の長（北池古墳）という生業にもとづく階層差を認めることができるのである。このようなあり方を、ここでは「従属・分離型」と名付けることにしたい。

石上・豊田古墳群

石上《いそのかみ》・豊田《とよだ》古墳群は布留川《ふるかわ》の北岸地区にあり、同川を挟んで杣之内古墳群と相対する。ただし、所在地が平地である杣之内古墳群とは異なり、大和高原に連なる台地上に大半が所在する。また本古墳群は杣之内古墳群とは違い、首長墓を中核としながら群集墳が同居する形態をとっている。しかし、微視的にみると両者は微妙に立地を異にしている。

本古墳群の首長墓で最も早く築造されたのは別所鑵子塚《べっしょかんすづか》古墳である（前方後円墳、全長五七㍍。以下本項の首長墓は前方後円墳）。本古墳群は一般的に横穴式石室を内部主体とするが、本墳は刳抜式家形石棺直葬《くりぬきしきいえがたせっかん》であり、おそらく五世紀末〜六世紀初頭ごろに比定でき

9　石上・豊田古墳群図

よう。これにつづいて三基の首長墓（大型前方後円墳）が築造されている。すなわち、別《べっ》所大塚《しょおおつか》古墳（一一五メートル）、石上大塚《いそのかみおおつか》古墳（一二七メートル）、ウワナリ塚古墳（一一五メートル）の三基であるが、主体部（横穴式石室）の破壊が激しく、遺物も詳細不明のため、各々の前後関係は未確定である。

一方小規模墳の全容は不明ながら、これまでの発掘調査によるかぎり、六世紀初頭から七世紀にかけて多数（三〇〇基弱）の円墳が築造されている。築造地は上述の首長墓と同じく台地上であるが、既述のとおり詳細にみるとつぎに述べる岩橋千塚古墳群などとは異なっている。

さて、本古墳群は東西二キロ弱、南北一キロにわたって展開しており、いくつかの支群に分けることが可能である。上述した首長墓の場合、別所鑵子塚や別所大塚は西端部に、石上大塚およびウワナリ塚は東部に属する。一般的に西部は古墳の密集度が低いのに対して、東部は密集しており、墳丘の裾が接するほどのところもある。東西両地区とも前方後円墳と小円墳は隣接しており、明確な境界はない。しかし、たとえば石上大塚が所在する尾根をみると、同古墳の南側には数基の円墳があるが、それでも石上大塚との間には数十メートルの空閑地がある。同様の様相は、他の首長墓の周囲にも認められる。したがって本古墳群は、同じ葬地を首長墓と群集墳両者が共有しながら微視的にみた場合は両者が区別されていたものと考えられる。こうしたあり方を「共存型」と呼ぶことにしよう。

岩橋千塚古墳群

岩橋千塚《いわせせんづか》古墳群は紀ノ川下流域の南岸、和歌山平野の独立丘陵上に分布する。関西大学の調査で確認されたものは五〇〇基強であるが、本来は文字どおり千基に迫る数の古墳が密集していたものと考えてよい。古墳群は東西二・五キロ、南北三キロの範囲にわたっており、地形上いくつかの地区に分けられている。本古墳群中で最も古墳数の多い地区は前山地区であるが、とくに前山A・B区には墳裾を接するように群集する箇所も少なくない。

本古墳群の首長墓としては、二一基が確認された前方後円墳をその候補にあげることができる。しかし、なかには全長三〇メートルにも満たないものがある半面、多くの円墳の直径は一〇メートル内外であるものの、なかには直径三〇メートルを測るものもあり、墳形のみによって被葬者の階層を一概に分離することはできない。ただし、五〇メートルを超えるような大型古墳は、すべて前方後円墳である。

さて、前方後円墳は尾根稜線上の最高所などを占地しており、傾斜地やなかには谷部にまで築造されている円墳とは対照的である。しかし、古墳密集度が高い前山B地区を中心

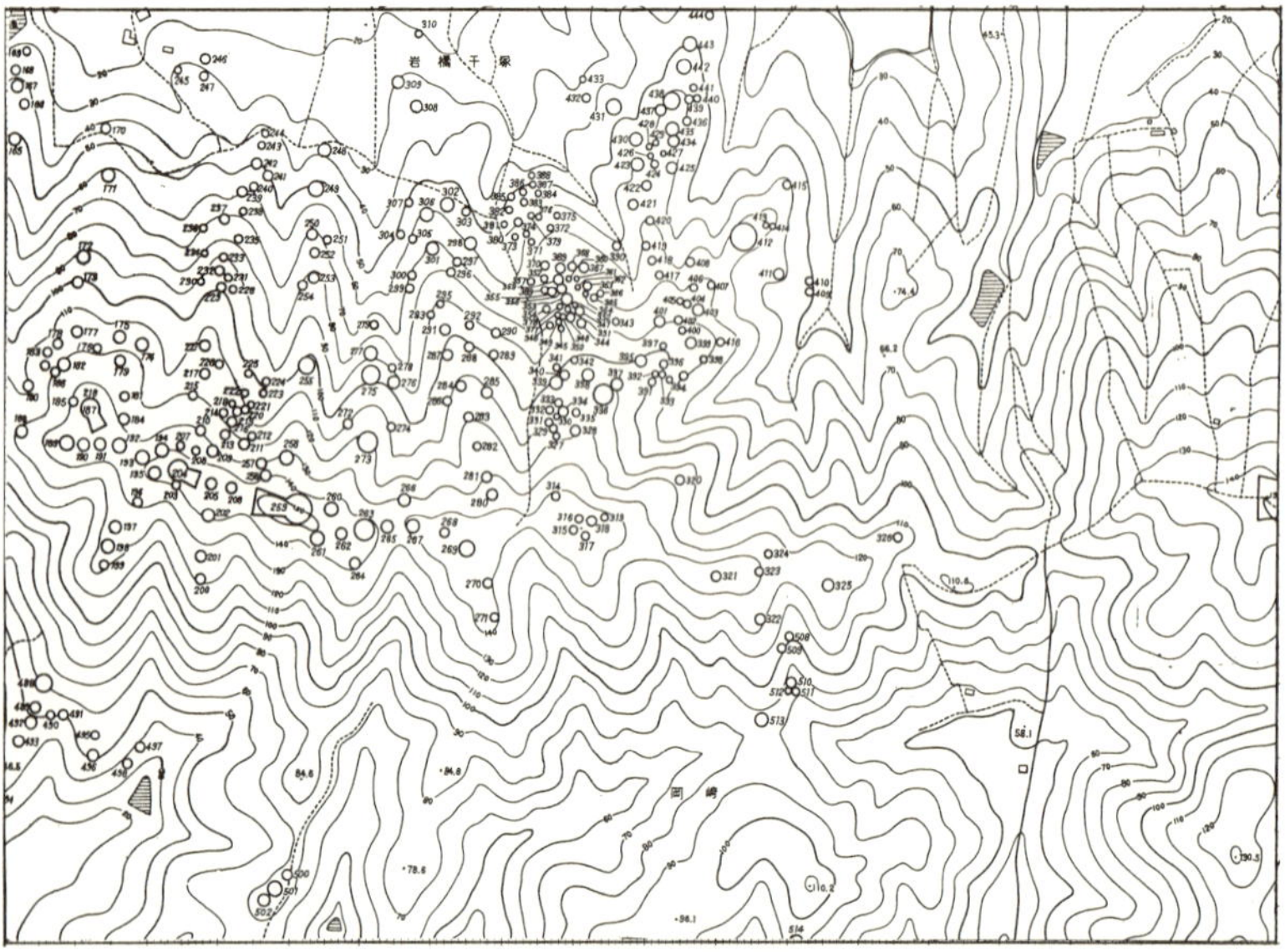

10　岩橋千塚古墳群図

に前方後円墳の周囲にも円墳多数が築造されている。したがっておおむね首長墓は眺望のよい景観のすぐれた立地に所在しているものの、明確に両者の境界を決定することはできない。岩橋千塚古墳群のうち、最も遡上する古墳は五世紀初頭であるが、大半は六世紀代以降であると思われる。首長墓の周囲にいわゆる陪《ばい》塚《ちょう》的な存在はなく、首長墓と小規模墳が接する箇所も単に墳形や規模が異なるというにすぎず、明確な区別は感じられない。

　したがって首長墓と小規模墳と

の立地にみる関係は、前者が優位性を保持しているものの、結果的に混在しているといえる。そこでこのようなあり方を「混在型」と呼びたい。

各古墳群の歴史的意味

以上に見た三類型にはどのような意味があるのだろうか。これら三類型はいずれも六世紀を中心とする時期に形成されたものであり、年代差にもとづく差異ではない。また杣之内古墳群と園原東方古墳群が石上・豊田古墳群と近距離の位置にあることから地域差でもないようだ。もちろん好みの差というものでもないことは、「古墳からみる政治構造」の章で概観するように古墳の有する政治的意義からみて間違いないであろう。私はこの原因として、首長と一般成員との関係の差をあげたいと思う。「混在型」が共同体の原初的な姿を示しているのに対し、「従属・分離型」は首長の権限が強く一般成員から遊離し、かつ従属する工人をかかえる状態、つまりもっとも発展した状況を物語っているのであろう。もちろん、「共存型」はその中間的な共同体の形態を反映したものとみてよい。つまり発展段階論的に評価すれば、「混在型」から「共存型」を経て「従属・分離型」に至る流れを想定することになる。しかし、畿内にも「混在型」は存在する。したがって、単純に畿内が他地方よりも進んだ社会段階に至ったというものではないことがわかるのである。

奈良県御所市の石光山《せっこうざん》古墳群は、五世紀後半から七世紀におよぶ造墓活動によって総数約一〇〇基を造営した大型群集墳であるが、群中には前方後円墳三基（他に可能性のあるもの三基がある）と円墳がとくに占地を分けずに混在している。まさに「混在型」の典型例である。しかし、最大規模の前方後円墳（8号墳）でも全長三六《メートル》と小規模である。したがっておそらく同族意識のもとに営まれた共同墓地ではあるが、大がかりな擬制的同祖同族集団が形成されることがなく、古墳営造者たちの内部では階層分化もさほど進んでいなかったのであろう。彼らを束ね支配下においた上部氏族がいて、他地域に墓域を形成していたものと思われる。ただし、本古墳群は古墳構築活動のピークが五世紀末〜六世紀中葉までであり、多くの群集墳のピークが六世紀中葉以後にあることと顕著な相違をみせており、上述の特徴は、こうした時期の先行性によるものであるかもしれない。以上のような古墳の動向によって、有力氏族による大型の同祖同族集団の形成は、六世紀中葉以降急速に進展する可能性が強く考えられる。

一方、天理市所在の古墳は、文献史料などから物部氏にかかわる公算が強い。当然既述のように白石太一郎が想定した大伴氏の場合同様、擬制的同祖同族集団の形成は進んでいたであろう。もちろん、杣之内・園原東方古墳群、石上・豊田古墳群の両者はともに物部氏の本貫地《ほんがんち》であり、首長墓は両者併行して築造されている。したがって物部氏の系統差に起因するものと思われるが、彼らの基盤とする共同体の社会段階・状況は系統によって異なっていた。このことから、大豪族全体が同様に発展するのではなく、社会発展の歩みは系統による差異を内包しながら進んだものと思われるのである。岩橋千塚は薗田香融《そのだこうゆう》の研究によって、紀氏の墳墓に比定されている（薗田香融　一九九二年）。ただし大和に進出した一族ではなく、本貫地に残留した勢力である。おそらくこの紀氏は、首長から一般成員に至る一族の紐帯が強く残存していたものと思われるのである。

このようにみると、従前から強く指摘されてきたことではあるが、あらためて古墳の有する政治的意義の大きさに注目しなければならないだろう。

古墳と葬送儀礼の変遷

古墳と儀礼

古墳からみた政治構造の研究に入る前に、一考しておかねばならない論点がある。それは、「古墳における葬送儀礼」に関する問題である。古墳が単なる遺骸処理の場ではなく、残された人々にとって何らかの心情に訴える性格を備えたものであることはすでに述べた。そうであれば、当然そこではそのような心情にもとづくある種の儀礼が行われたはずである。そして、儀礼が実施された場とその内容について変化の有無を精査することは、当時の人々の心情や社会・政治環境のありように接近する有効な一つの手段たりうるであろう。以下ではこのような観点に立って、古墳の場で実施された葬送儀礼の概略と変遷を概観する。

墳丘上の儀礼

成立当初の古墳は、後述するように弥生時代後期の墳丘墓から飛躍した部分もあるが、共通する要素も多く引き継いでいる。弥生時代中期以降、共同体指導者（首長）の墓は徐々に大きく、また他の墓とはやや離れた場所に築造されるようになっていく。その過程で各地方による差異は認められるものの、儀礼用土器の出現と定式化、およびその使用法に一定の法則性が認められるようになる。なかでも吉備《きび》地方では変遷の詳細がかなり判明しつつある。岡山県倉敷市楯築《たてつき》墳丘墓（双方中円形、八〇メートル）を例にとると、墳頂部において多数の飲食器が出土した。また特殊器台とこの上に乗る大型の特殊壺がある。近藤義郎は、これを亡き王の葬儀にあたって、次代の王が共同体構成員の立会いのもとに王の霊を引き継ぐ儀式の一環としていわば神人《じんにん》共飲（共食）儀礼を実施した痕跡であると説いた（近藤義郎　一九九八年）。特殊壺に入った酒を列席者一同が飲食器に注いで飲みほしたものとみなしたのである。儀礼の詳細については地方差があろうが、このような共飲儀礼の痕跡とも考えられる墳頂部の様相については、代表的なもののみでも、他に山陰（島根県出雲市西谷《にしだに》3号墓、四隅突出形《よすみとつしゅつけい》、主丘部四〇×三〇メートル）や北近畿（京都府丹後市赤坂今井《あかさかいまい》墳丘墓、方形、三九×三六メートル）、北陸（福井県福井市小羽山《おばやま》30号墓、四隅突出形、主丘部二六×二二メートル）などにおいて認められている。

以上のような儀礼は、古墳時代になると若干様相を異にする。すなわち、多数の成員による共飲儀礼は形骸化し、その痕跡がやがて埴輪になるという図式である。このような変遷の地方差を踏まえた研究としては、古屋紀之の研究が詳細である（古屋紀之　二〇〇七年）。すなわち一連の葬儀のなかで、最後に実施したであろう亡き王の霊威（代々の王が引き継ぐべき首長霊）の引き継ぎに際し、共同体成員の参加を要した弥生時代から古墳時代になると秘儀中の秘儀と化して誰もみることが許されなくなったのである。

なお、前期古墳の埋葬主体内には鏡が埋納され、墳頂部には楯《たて》をはじめとする器財埴輪が置かれることが多い。これは首長霊（魂）と遊離した魄《はく》が他所からよりくる悪霊と結びつき恐ろしい力を持って残された人々に危害を加えないように、両者を分離するものである。古墳に埋納された鏡のなかには、その役割や意味にいくつかの種類と差がある。ここでは詳細に触れないが、こうした分析も重要な課題である。

墳頂部の儀礼

さて、古墳の場で墳丘上の儀礼がまったく姿を消したのかといえば様相を変えつつその命脈は保っていた。前半期古墳の場合、墳頂部には段築とは異なった壇（儀礼を実施するために一定の高さを備えた平坦地）が形成されるが、とくに初期古墳の壇は相当の高さがあり、特殊埴輪や特殊壺がおかれ、かつての共飲儀礼の痕

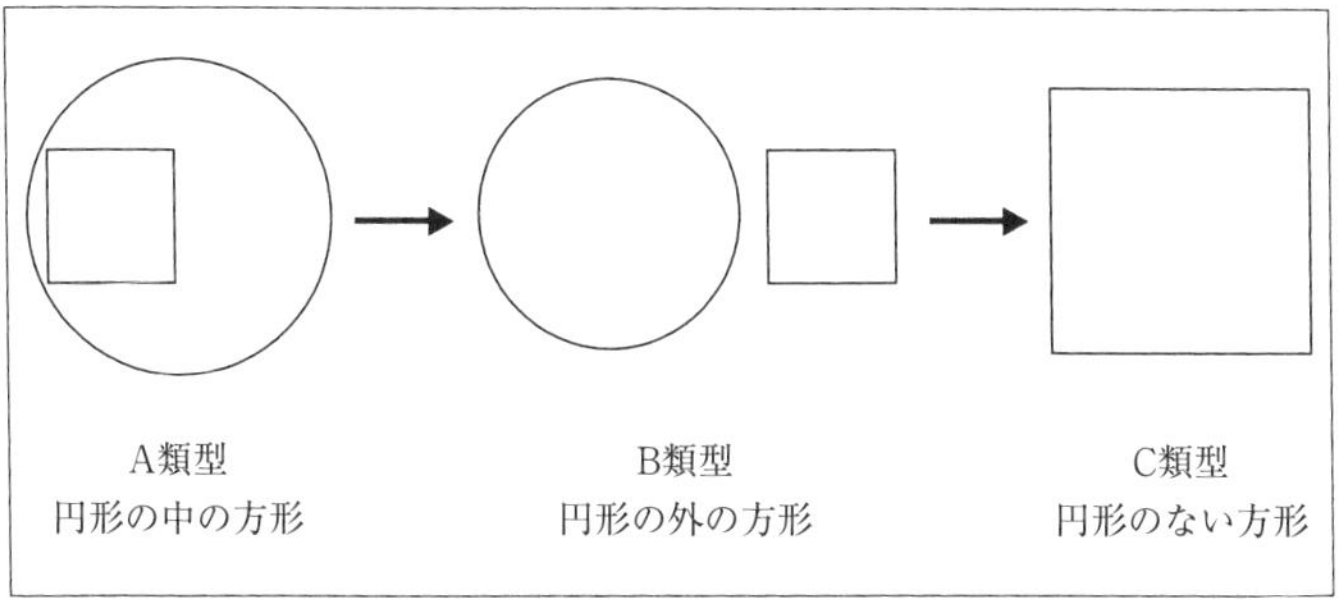

11　環濠集落から方形居館へ

跡が明確に残存している。しかしその一方で飲食器はなく、実際に参列者による共飲儀礼が行われたとは考えられない状況である。

弥生時代の集落から首長層の居館が発生し、分離していく過程を武末純一は見事に整理した（武末純一　一九九八年）。それによると、環溝集落は自然地形にも左右されて平面円形や楕円形を呈するが、首長の居館は幾何的・人為的な方形をなす。そのはじまりは円形環溝（環《かん》濠集落《ごうしゅうらく》）の一画に方形環溝（首長居館）が設けられることからはじまる。しかし、やがて円形から方形が外へ飛び出し、ついには方形のみ残って円形は消滅するというのである。たしかに古墳時代には方形の濠に囲まれた豪族居館が発見される一方で、一般集落には周濠《しゅうごう》が認められていない。*このような変遷は古墳墳頂部における儀礼の変遷とも符合するものと考えてよいだろう。そこでは共同体の代表者であった首長が、しだいに一般成員から分離して両者の間が固定的階層差に発展していく姿をみることが可能であろう。ただし、このような展開は列島社会のすべてが同様に進んだのではない。地域によっては共同体の規制が長く残存し、一般成員と首長との関係は近いままであった。少なくとも前半期の古墳時代は、社会構造の内実において地域差が顕著であったことを銘記しておく必要があろう。

＊　古墳時代の豪族居館としては群馬県高崎市の三ッ寺Ⅰ遺跡が有名である。一辺八六メートル《メートル》の方形の地を濠や柵で囲ったもので、居館内は居住空間をはじめ、祭祀場や工房跡など機能に応じて内部を整然と区画割りしていた。このような状況は同じく高崎市の北谷《きたやつ》遺跡においても想定されているが、すべての豪族居館がこうした方形環濠で囲まれていたのではない。むしろ多くの居館は、広い空間に、機能に応じた建物が点在していたものと思われる。ただし、方形居館は一般庶民とは異なる古墳時代首長層の姿を象徴的に顕示するものとしてきわめて重要である。

この点静岡県藤枝市若王子《にゃくおうじ》・釣瓶落《つるべおとし》古墳群は、古墳を築造するようになっても前代的な構造を残存した状態が長く続いた社会の存在を示している。本古墳群は蓮華寺池の北・西・南を囲うように延びる丘陵上に分布する五三基の古墳からなる。墳形は円形と方形のほか不整形もあるが、前方後円（方）墳はない。規模はいずれもおよそ直径（一辺）二〇メートル《メートル》以内に収まり、古墳間の格差はほとんどみられない。築造時期は四世紀後半から六世紀

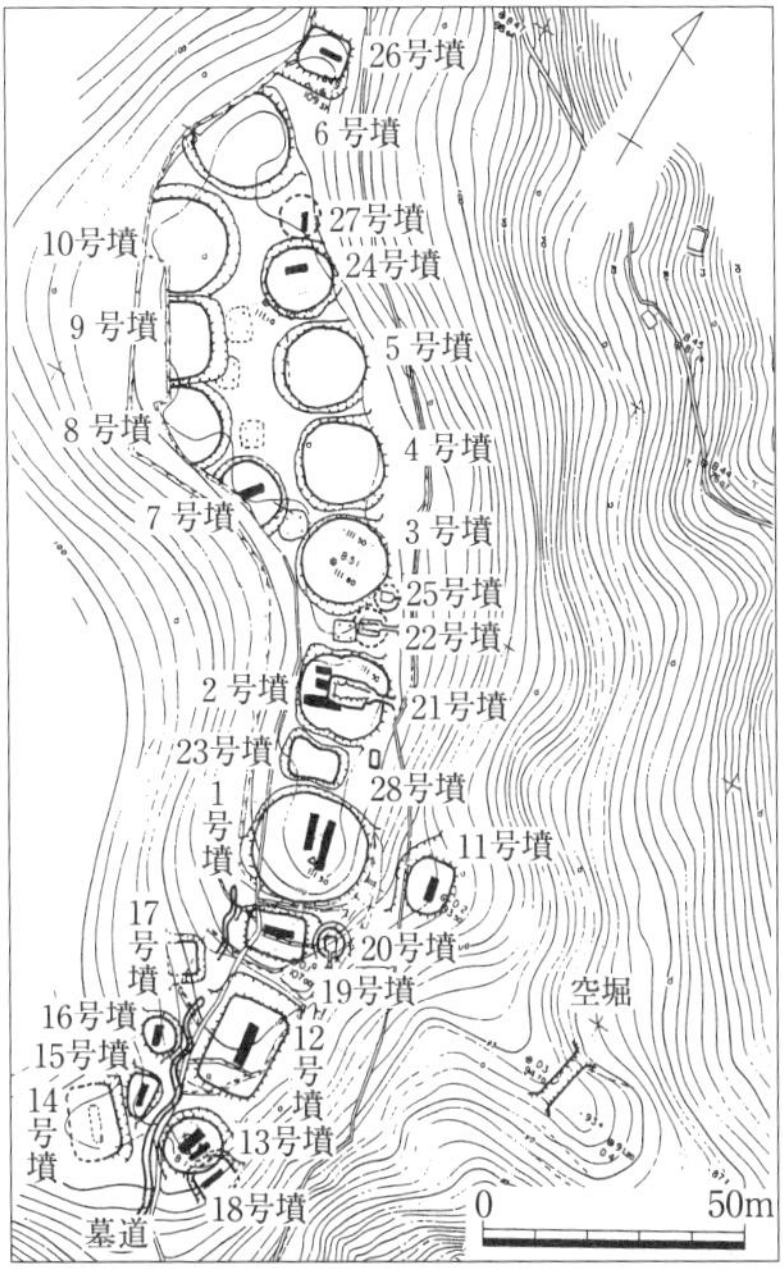

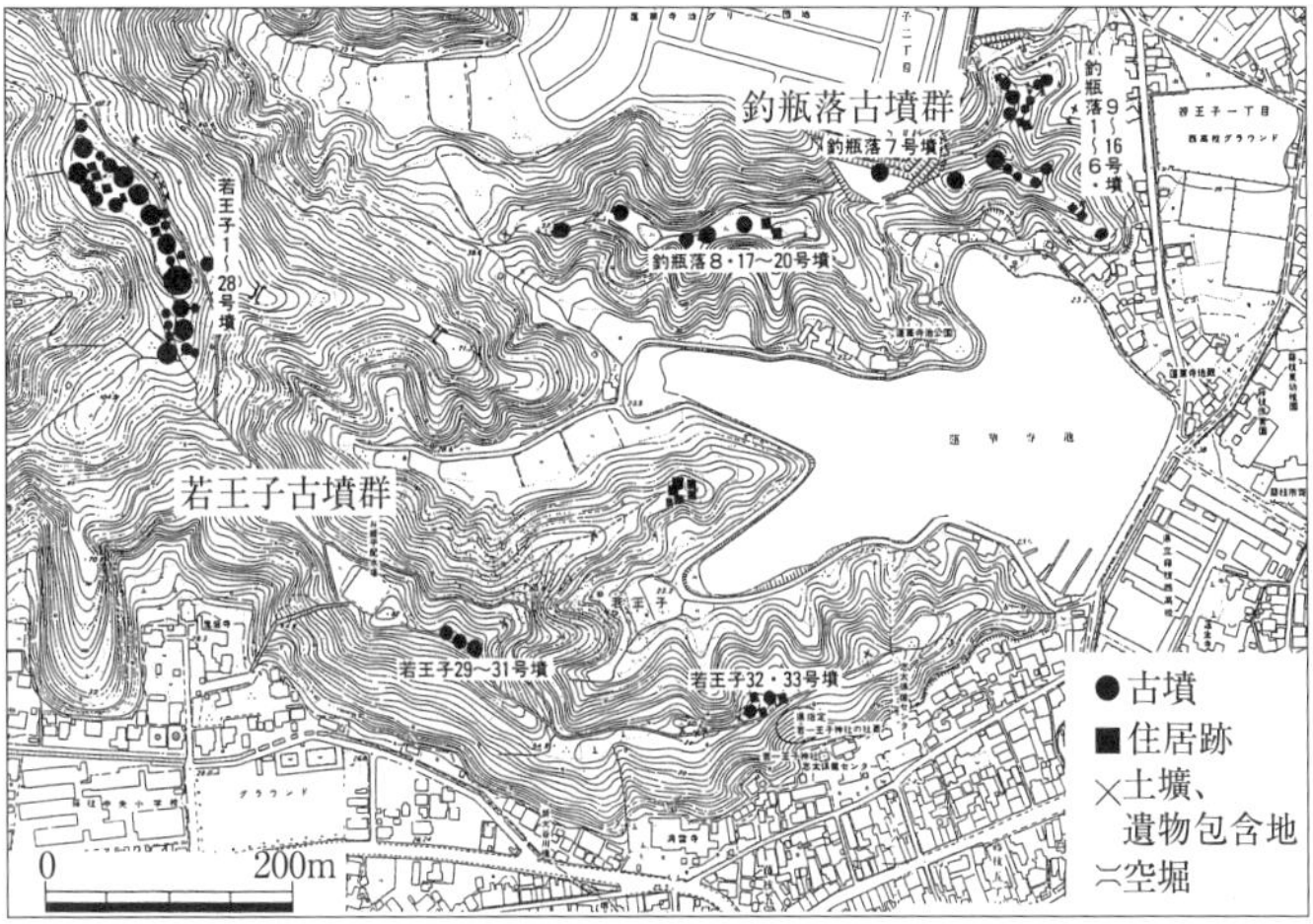

12　若王子・釣瓶落古墳群図（上は若王子古墳群1～28号墳）

後半におよび、期間中とくに大きな盛衰は認められない。しかし、若王子12号墳からは車輪石やガラス玉が、同31号墳からは銅鏃《どうぞく》、鉇《やりがんな》、珠文鏡《しゅもんきょう》が、そして釣瓶落1号墳からは紡《ぼう》錘車形《すいしゃがた》石製品や鉇が出土しており、充実した内容である。このように規模や墳形には格差が認められないにもかかわらず、副葬品には優品を持つ古墳も一部に認められる。そしてこうした副葬品の格差は六世紀後半に至るまでつづいたようで、若王子21号墳からは一〇個ものトンボ玉が出土した。

若王子・釣瓶落古墳群からは、以下のような社会構造が考えられよう。すなわち、本古墳群築造の母体となった共同体は、共同体としての規制が強く、特定個人が突出した権力を持ち得ない社会であった。おそらく弥生時代から当該社会構造の本質的な部分には変化がなかったものと思われる。畿内との接触によって高塚古墳の築造を開始し、共同体の代表者は畿内から威信財や優品を入手した。副葬品からは他の共同体成員との差異があるようにみえるが、それは畿内との交渉者という立場から入手したまでのことであり、その実、本質的には平等な社会であったと考えてよい。

後半期の儀礼―黄泉国の成立

早くも九州では四世紀末に横穴式石室を受容する。しかし、この墓制は長く九州にとどまり、他地方に伝播しても単発で終わり、継続的な受容は六世紀を待たねばならなかった。五世紀後半に至るまで、多くの古墳での儀礼は前代的な様相のままであった。詳細は省くが、六世紀初頭に畿内で成立した畿内型石室の登場によって、初めて石室構造にふさわしい死生観にもとづいた儀礼が定着して受容される。上述した前代から認められる墳丘上の儀礼は、死霊は大空を飛翔するという観念にもとづくものとみなされる。ヤマトタケルの説話は、まさにこうした思想にもとづいている。

しかし、横穴式石室は時に死者の住まいであり、また死者の世界（ネクロポリス）に至る通路であった。畿内型石室成立以後の横穴式石室の内部には、死者の用いる飲食器（なかに食物が残存していることもある）がおかれ、中国漢代などにおける明器《めいき》（住居や財産などを陶器で表現したもので、死後の世界で使用するため、墳墓の内部に埋納した）とも通じる思想が感じられるのである。イザナキが亡きイザナミを訪ねて黄泉国《よみ》を訪問する説話は、こうした死生観にもとづいている。『記紀』によれば、神代の話である黄泉国訪問譚はヤマトタケル説話よりもより古層の話となるが、これは後の加上（追加記述）によるものである。古墳時代の前半期には、いまだ明確な死者の世界は想定されていなかったのである。

さて、死者の世界を横穴式石室のなかに認める説に対して、イザナキの訪問した黄泉国はモガリの場・喪屋《もや》とみる説や山中他界説などがある。また一部に営まれた海岸洞窟内の石棺墓から海上他界説を唱える人もいる。このうちとくに喪屋説は、『記紀』の一書にもイザナキの訪問した場がモガリの場であると明記されており、否定することはできないだろう。また他の説についてもそれ相当の根拠があり、否定は難しい。私はこれらすべてが成立すると考えている。むしろ、実際にはこれらのさまざまな黄泉国観が混交したものが、古墳時代の人々の心を支配していたに相違ないと思われる。上述したように後期古墳は、明確な死者の世界を想定した副葬品等が横穴式石室の内部におかれる（装飾古墳にも死者が行くべき世界への道筋やそれを歩む死者の姿が描かれている）。しかし墳丘上には前代同様埴輪等の配置が認められるのである。今日に生きる私たちも、亡き肉親を思うとき、ある日は草葉の陰に、またある日は天空に思いをはせるであろう。人は、すべてが理知的な解釈にもとづいて行動するものではなく、むしろさまざまな思いが矛盾したままに混交するものである。あまりに理知的解釈を試みることが果たして古墳時代の実態に迫りうるのか否か、今一度よく考えてみる必要がありそうである。

古墳からみる政治構造

古墳と政治構造

前方後円形の意味

以下にふれる諸見解は、いずれも前方後円墳を首長墓とする前提に立って論が進められている。もちろん、この前提は諸墳形中において前方後円墳の規模や副葬品の充実ぶりをみる時、例外を含みながらも大局において異論のないところである。参考のため、例外について少しあげておくと、隠岐《おき》島には一〇メートルの前方後円墳がある（島根県隠岐郡海士《あま》町所在宇田見《うだみ》古墳、小規模な前方後円墳は他にも各地で認められているが、全長一〇メートルはおそらく最小の部類に入るものと思われる）。また、栃木・茨城県下における七世紀の「前方後円墳」は、くびれ部がほとんどくびれないものも含まれることをはじめ、墳長は一〇〜二〇メートル代と短く、副葬品《ふくそうひん》も貧弱なもので、明らかに首長墓としての前方後円墳とは異なる（岩崎卓也はこれを「前方後円墳形小墳」と称して区別している。岩崎卓也　一九九二年）。

しかし、大半の前方後円墳が首長墓であるという背景には、当然前方後円墳という形の持つ意味、歴史的意義が存在するものと思われる。そこで、「古墳と政治構造」についての研究史を振り返る前に、前方後円形の意味――とくに政治的意味についての諸見解を簡単に紹介しておきたい。

前方後円墳が諸墳形の頂点に立つ形態であるという見方は、近代考古学が創始される以前から存在した。とくに近年は都出比呂志の前方後円墳体制論が提示されて、こうした見方が、学問的にも整理されている（「『前方後円墳』をめぐって」の節で詳述）。しかし、そもそも「円と方の組み合わせ」という形については、宮車や銚子などの形態に由来するという単純な形態模倣説が長く提示されたままであった。その中で近藤義郎によって提示された弥生墳丘墓からの発展説は、綿密な調査を踏まえたものであるだけに有力な起源説として大きな影響力をもった（近藤義郎　一九九八年ほか）。すなわち、弥生時代の円形墓に細長い墓道が接続した形に起源を有するものとみる見方である。その後、円形の周溝に土橋がかけられた形が古く、やがて土橋や墓道が墳丘に取り込まれてそれらをも含めて周溝が取り込んだ形態に進むとみる見解も提示された。いわゆる「纒向《まきむく》型前方後円墳」*には前方部先端部の周溝が他より狭いものが多く、こうした見解を補強する結果となっている。

* 「纒向型前方後円墳」は、寺沢薫によって提唱された墳墓形態の一群で、つぎのような特徴を備える。①後円丘に比べて著しく小さく低平な前方部をもち、全長：後円部丘：前方部長の比は正しく三：二：一を原則としていること。②後円丘は正円形のものは少なく、扁円形、倒卵形、あるいは不正円形を呈すること、③後円丘から前方部まできわめてゆるやかなスロープを作って移行するため、平面的には後円部と前方部間に「連結部」を形成する場合が多いこと、④周溝を有するものは、前方部前面を欠くかきわめて狭小であることなどをあげている（寺沢薫　一九八八年　九九ページ）。寺沢は初現期の古墳という位置付けであるが、箸墓《はしはか》古墳の成立をもって古墳の成立とみ、「纒向型前方後円墳」は弥生時代最終末期の墳丘墓であるとする見解も多い。後述するが、箸墓古墳以後畿内で連綿とつづく大王墓の規模にみるそれ以前との隔絶性や相似形古墳の存在（「纒向型前方後円墳」も上記の共通する特徴をもつが、相似形古墳の類似度にはおよばない）から、私も後者の見解に立っている。ただし、すべての「纒向型前方後円墳」が箸墓古墳以前に築造されたものではなく、箸墓以後も一定期間「纒向型前方後円墳」は築造されている。

以上の見解は、前方後円という形態が突如出現したのではなく、弥生時代からの発展によるという歴史的な継続性の側面の再確認を促すという重要な役割をもった。しかし、一方で弥生墳丘墓との大きな相違＝ヒアタスがなければ、箸墓をはじめとする巨大古墳出現の背景を理解することは難しい。その意味で天円地方説は大変魅力的である。つまり、中国の郊祀《こうし》の場である圜丘《えんきゅう》（天神）と方丘（地祇）を合体させたものとみる説が早くから西嶋定生《にしじまさだお》によって提唱されていた（西嶋定生　一九六六年）。その後、重松明久は、魏の明帝が天地を祀る円丘・方丘に祖霊をも配祀したことから、これを見聞した倭人が日本列島において前方後円墳を創出したとみた（重松明久　一九八六年）。このような見解は、古墳の成立が中国の強い影響のもとに弥生時代から大きく飛躍した側面を強調する結果となる。実際はさきに触れた弥生からの発展的側面との双方が密接に絡まったものであると思われる。

その後、都出比呂志によって、前方後円墳成立期以来の三段築成や北枕頭位埋葬から、さらに中国の強い影響を認める考えが提示された（都出比呂志　一九七九年）。ただし、当初の前方後円墳とされる箸墓古墳は五段築成であり（土生田純之ほか　一九八九年）、また讃岐《さぬき》地方では古墳成立当初東枕頭位が優勢であること（玉城一枝　一九八五年）など、実態はそれほど単純ではない。

前方後円墳の成立については、丘尾切断説など他にも有力な説がある。しかしここでは政治的意義という側面に注目した上記の概観に留めておきたい。

小林行雄の古墳観

さて、古墳を分析して当時の政治形態を考究する研究視角を体系的に構築したのは、小林行雄が嚆矢であろう。小林はとくに前期古墳から出土する鏡のなかに同笵鏡《どうはんきょう》（同じ鋳型《いがた》で鋳だされた鏡）や伝世鏡《でんせいきょう》（幾世代もの期間伝えられた鏡）の多いことに注目した。前者は畿内の大首長が各地の首長にその地位を認める証として下賜したもの（三角縁神獣鏡《さんかくぶちしんじゅうきょう》）であり、後者は弥生時代に入手した代々伝えるべき宝器（主として漢代の鏡）であったものを古墳に埋納したものと考えた。これを古墳に埋納するという行為から、鏡という宝器の保持によってもたらされる権威の保障を必要としなくなった首長の存在を想定したものである。つまり、古墳時代の首長は、共同体の規制から自由になり、世襲制にもとづく世俗的な政治的首長に成長した。そして、三角縁神獣鏡ほかの同笵鏡は、京都府山城町椿井大塚山《つばいおおつかやま》古墳（前方後円墳、一九〇メートル。三角縁神獣鏡三二面以上を中心として、他に漢鏡〈内行花文鏡二、画文帯神獣鏡・方格規矩鏡各一面〉が出土した）をはじめとして畿内中心に分布することから、古墳時代は畿内大首長を中心とする広域首長連合を形成した時代であると考えたのである（小林行雄　一九六一年）。

なお、三角縁神獣鏡は、卑弥呼《ひみこ》が各地首長を慰撫する目的で魏に請い下賜された鏡であると考えた。したがって、当然のことながら古墳時代の大和政権は邪馬台国《やまたいこく》の後裔であり、その所在地を大和に比定していたのである。これ以後、考古学者の多くが邪馬台国大和説を採るようになった。ただし、三角縁神獣鏡が一面も中国から出土していないことをはじめ、未解決の問題も多く残されており、いまだに決着はついていない。

同笵鏡論の今日

ところで、近年の発掘調査によって同笵鏡の新たな発見が相次いでいる。そこで以下では同笵鏡問題の今日を概観しておこう。ただし、三角縁神獣鏡が魏から下賜された鏡か否かという問題には踏み込まない。このことはもちろん重要な問題ではあるが、ここでは「三角縁神獣鏡を中心とする同笵鏡配布の中心地が古墳時代前期における政治権力の中枢である」という前提に立ち、小林以後新たに得た知見を簡単に跡付けておこう。

小林行雄が同笵鏡論を発表した当時は、一五面を超すような多量の三角縁神獣鏡を埋納した古墳としては、椿井大塚山古墳のみが知られていたにすぎない（当時の知見では椿井大塚山古墳に次いで三角縁神獣鏡出土量が多い古墳は、一一面を出土した奈良県広陵《こうりよう》町新山《しんやま》古墳〈前方後方墳、一三七㍍〉であった）。しかし、その後奈良県に所在する二基の大型古墳に多量の同笵鏡が埋納されていることが判明した。天理市黒塚《くろつか》古墳（一三二㍍）と桜井市の桜井茶臼山《さくらいちやうすやま》古墳（二〇〇㍍）である。

前者は「畿内の始祖墓」でもふれた柳本《やなぎもと》古墳群に所在する。かつては墳丘の形態などから群中唯一の中期古墳と考えられていたこともあるが、一九九七年に実施された発掘調査の結果、三角縁神獣鏡を中心とする三四面もの鏡が出土して前期古墳であることが確定した。調査成果の主なものとして、次の二点をあげることができる。第一に三三面を数える三角縁神獣鏡は被葬者の傍ではなく、木棺が埋納された竪穴式石室《たてあなしきせきしつ》の左右側壁と北小口壁に立てかけられて、木棺の北半部に沿ってコの字形に取り囲むように配置されていた。一方棺内で被葬者の頭の上、木棺内の北端部には別種の鏡（画文帯《がもんたい》神獣鏡）が立てかけら

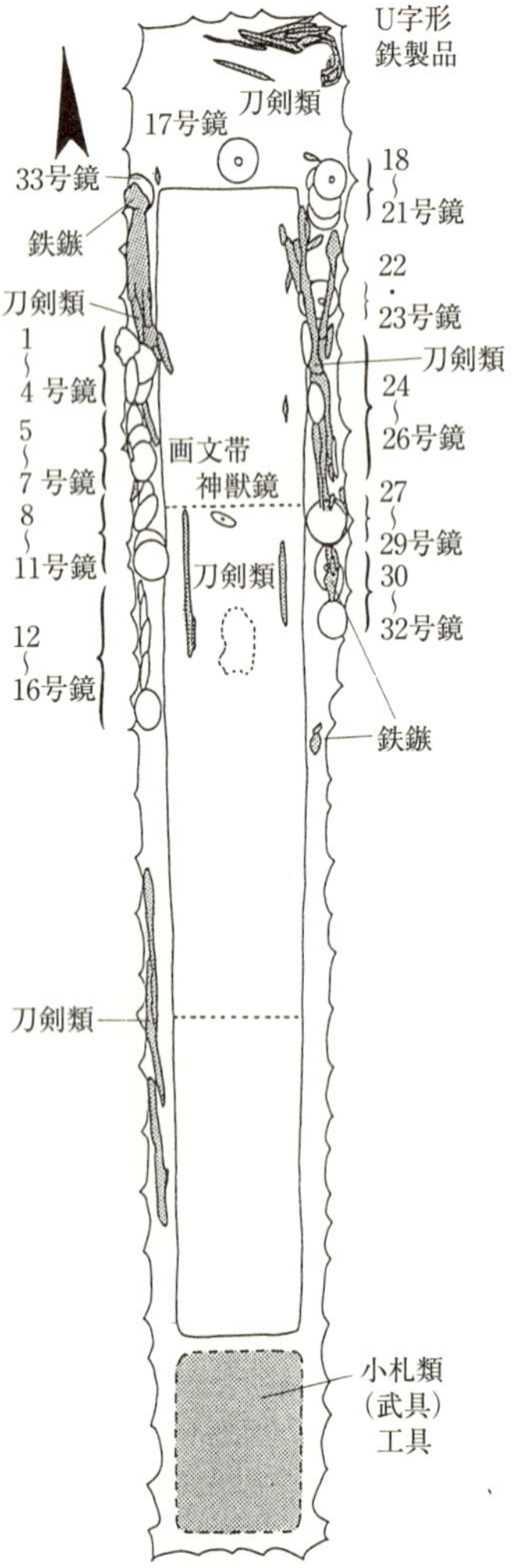

13　黒塚主体部鏡配置図

れていた。つまり、小林によって卑弥呼が魏の明帝から下賜された鏡に相当すると認定された三角縁神獣鏡よりも漢鏡（ただし、これらの漢鏡は魏代に復古された「倣古鏡《ほうこきょう》」とする見解も提示されている）の方を重視していたのである。このことは福岡県一貴山銚子塚《いきさんちょうしづか》古墳の状況などによって早くから知られてはいたが（ただし、一貴山銚子塚古墳出土の三角縁神獣鏡は倣製鏡である）、王権の膝元で確認できたことの意味は大きい。第二に、北接するとはいえ奈良坂を超えた山城側に所在する椿井大塚山古墳の被葬者を、大和の王権が所有する鏡鑑《きょうかん》の唯一の保管者に措定するという説明の困難な理解から解き放ったことである。これによって王権と鏡の密接な関係について、以前よりも直接的に理解することができるようになったのである。

桜井茶臼山古墳は、一九四五年の発掘調査以来の再発掘が二〇〇九年に実施されて、多大な成果がもたらされた。竪穴式石室にはこれまで類をみない多量の水銀朱が使用されていたこと、天井石を覆う粘土にもベンガラを練り込んで赤色にしたこと、墳頂部に築かれた方形壇（一一・七×九・二メートル）には二重口縁壺が並べられその内側では火を使用した儀礼が実施されたこと、そして方形壇の裾には幅・深さともに一・四メートル前後の溝が掘られその中心に沿って直径約三〇センチの木柱が立て並べられていたことなど、今後の研究の指針となる重要な知見を得ることができた（東影悠　二〇一〇年）。とくに石室内に破片となって残存していた鏡については、丹念な調査によって三角縁神獣鏡を含む八一面以上の鑑鏡の存在が確認されている。これまでに知られている鏡の多量埋納をはるかに凌駕する面数であり、北方にやや離れて所在する柳本古墳群との関係について、今後大いに検討する必要がある。

このように、列島社会において畿内の果たした役割については、従前にも増して大きなものが認められるのである。したがって、小林の想定のうち、少なくとも前期古墳時代における畿内の主導性という側面については、上述の調査成果によっても何ら疑問の余地がなく、むしろ強化されたといってよいであろう。

西嶋定生の古墳観

小林の研究に前後して、東洋史学者の西嶋定生による有力な学説が提示された（西嶋定生　一九六一年）。西嶋は前方後円墳という特殊な墳形が日本列島の広域にわたって分布するという事実に注目した。この理由として機能の性格の共通性が想定されること、そしてその機能とは国家的な身分制の表現であると考えたのである。その上で前方後円墳の発生地であり、伝播の中心地でもある大和にその契機が所在するとみた。そして卑弥呼が魏に遣使して「親魏倭王」に叙された結果、中国の礼制に倣う必要が生じて創作された墓制が前方後円墳であると論じた。西嶋はさらに進んで、礼制に基づく墓制という観点からカバネ（姓）と墳形の相関関係にも言及している。「国家的身分制の表現」や「カバネと墳形の相関関係」という視点は、多くの考古学者に影響を与えた。後述する都出比呂志の「前方後円墳体制」論にも類似した視点が認められる。ただし、その後の研究によってカバネの成立は六世紀まで降下することが明らかとなっていることに留意しておきたい。

人骨による男系社会の比定

以上小林と西嶋の研究は、両者あいまって古墳時代を当初から畿内主導による統一的政治体が形成された時代にみなすという「定説」を生みだした。また、明言こそされていないが男系の世襲王権という理解も形成されて、その後の研究に大きな影響を与えている。男系世襲王権という概念のうち、男系については、その後考古学界を長く支配した理解となっていた。しかし、田中良之による出土人骨の分析が実施されて、古墳時代当初からの男系を否定し、少なくとも五世紀後半、つまり中期までは専ら双系制が定着していた（古墳の主たる被葬者は男女の性差を問わない。モデルⅠ）とする説が提唱された（田中良之　一九九五年、二〇〇八年）。田中は、少なくとも西日本の広い範囲において、五世紀後半〜六世紀前半ごろさほど時間差なく双系制社会

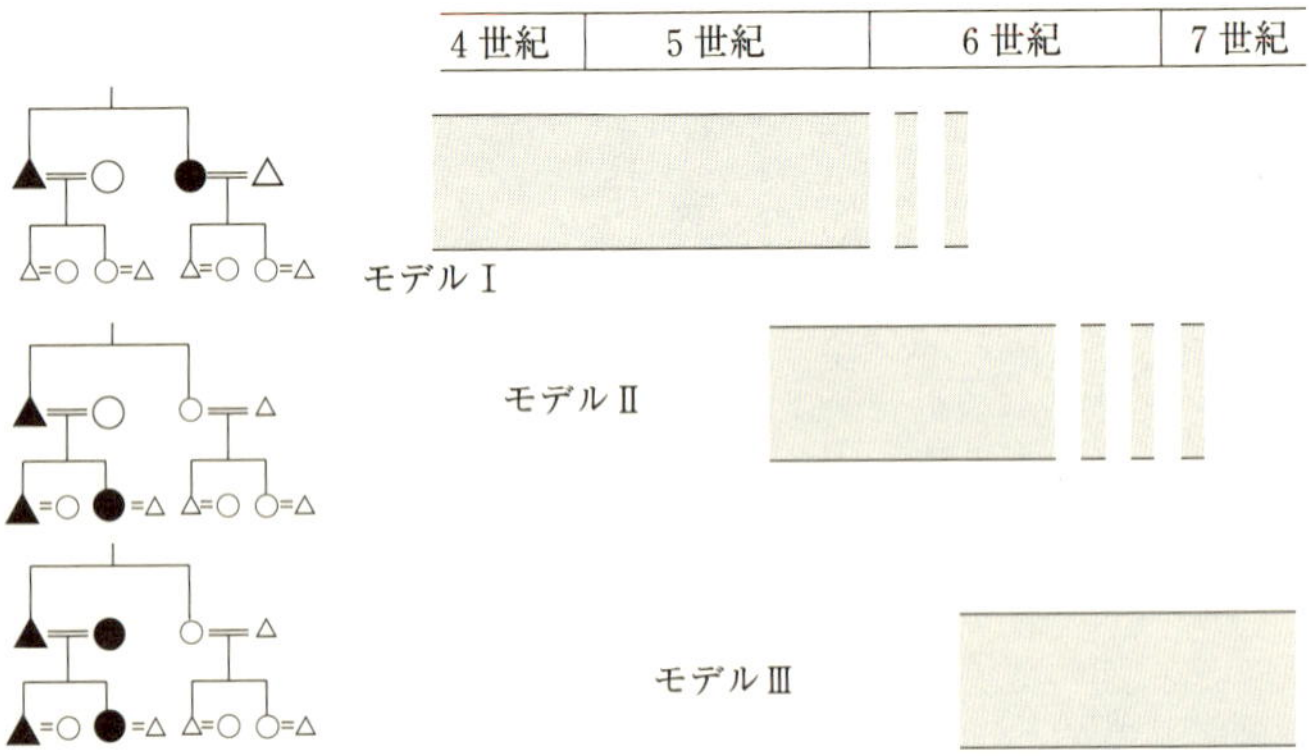

14　田中良之の被葬者モデルⅠⅡⅢ

から男系社会への変化が生じたと想定した。ただし、六世紀中葉ごろまでは初葬者たる男性（家長）とその後継者を除く子女が埋葬され、配偶者は埋葬されない（モデルⅡ）。婚姻などによって他系列から新たに参入した者は出身集団の古墳に埋葬されると考えたのである。しかし、六世紀中葉以後家長の妻も埋葬される事例が出現する（モデルⅢ）。田中の考察は出土人骨の形質学的分析にもとづく科学的な研究であるため、その後の研究に非常に大きな影響を与えた。

その後、清家章は田中の論に欠けていた近畿地方を中心に検証を行い、古墳時代の大半が田中のモデルⅠのパターンであり、双系制あるいは男系にやや傾いた双系制社会であることを追認した。ただし、西日本という広範囲において短期間に男系社会へ変化したとみる田中に対して、地理的および階級的傾斜を認める点で異なっている。具体的には、男系社会への移行は北部九州や中国地方西部が最も早く、他地方では相当に遅れること。このため、後期古墳（六世紀）においても双系的様相が継続すると説いた。また畿内を中心として、大王等最上位の階層においては、五世紀前半から男系に傾斜するとみた。この原因として、当該期における武力的支配者の出現を指摘する。一方、夫婦同墓の出現は六世紀前半ごろからみられることに注意している。ただし、この点については当時の政治的背景などが絡んでおり、夫婦合葬が定着するのは七世紀後半であると主張する（清家章　二〇一〇年）。以上の両氏の争点については、今後の調査研究の推移を見守りたい。

いずれにしても小林・西嶋の研究は、それまでの研究に欠如していた歴史観が明瞭に打ち出されていたこともあり、これらの乗り越えるべき視点が克服されるまでには相当の年月を要したのである。

移動する王墓

前半期の王墓は、長野県森将軍塚古墳の項でみたように、築造地を代々移動させることが多い。この移動する王墓築造地にはじめて注目したのは岩崎卓也を中心とする大塚考古学研究会と西川宏である（大塚考古学研究会　一九六四年、

西川宏　一九六四年）。

前者は長野県善光寺平の前半期首長墓変遷過程の分析から、政権の性格を考察したものであり、後者は吉備《きび》のやはり前半期首長墓の変遷にもとづいて政権の性格を考究した論文である。両者とも前半期の首長墓は特定の地区で継続的に築造されるのではなく、いくつかの地区を世代ごとに移動する現象を見出した。そしてこの背景として、複数集団の連合による政治的統一体の形成と集団間における首長権の移動を見出した。こうした議論の前提として、墳墓は本貫地《ほんがんち》に構築するものという理念が当時存在したことを証明する必要があろう。この点については、『日本書紀』の記述が参考になる。すなわち、紀小弓宿禰《きのおゆみのすくね》は雄略九年朝鮮半島で死去したが、遺骸は紀伊（和歌山）に北接する田身輪邑《たむわのむら》（大阪府岬町淡輪《たんのわ》）に埋葬された。次に継体《けいたい》二〇年一〇月、朝鮮半島から帰国の途にあった近江毛野《おうみのけの》は対馬《つしま》で死去したが、遺骸は同行した妻によって近江に戻されている。また敏達《びだつ》一二年一二月、日羅《にちら》は難波で殺害され同地に埋葬されたが、葦北《あしきた》（熊本県）の同族が遺骸を葦北に再埋葬している。死去の地は、いずれも当時としては僻遠の地であるにもかかわらず、本貫地に埋葬されているのである。

さて、両者の見解は、古墳時代前半期が小林行雄の描いた「世襲王権の確立」とは程遠い段階にあることを示すものである。とくに西川の論は、これを受けた吉田晶《あきら》によって「首長権の輪番制《りんばんせい》」が説かれて、文献史家にも注目された（吉田晶　一九七二年）。

ところで、両論が同年に発表されたことは、おそらく偶然ではないだろう。というのは、これらの研究が発表される少し前に井上光貞による「カモ県主《あがたぬし》の研究」が公表されているからである（井上光貞　一九六二年）。この論文で、井上は京都鴨川流域の在地豪族であるカモ県主が、奈良〜平安時代初期になっても広範囲の同族間のなかで首長権の移動を繰り返していたことを実証したのである。

地方における移動する王墓

大塚考古学研究会と西川宏による研究は、小林行雄や西嶋定生の描いた政治構造とは相当に異なり、いまだ特定系譜の独占による世襲王権確立には程遠い状態であることを示すものであった。その後、丸山竜平によって近江湖西地方における古墳群の分析に基づいた「首長権の輪番制」が主張された（丸山竜平　一九七六・七七年。なお、丸山は「輪番制」ではなく、「持ち廻り」と表現している）。また河村好光は石川県羽咋《はくい》地域における五世紀代から六世紀中葉ごろまで（横穴式石室および横穴墓盛行期以前）の大型古墳の分析を行った。そして、同地域においても首長権の輪番制（河村好光は「連合的秩序」と称する）が認められると指摘した（河村好光　一九八〇年）。ただし河村の指摘した首長墓は、他の研究者が指摘する首長墓とは異なり小地域の首長墓であることや、六世紀中葉と後期にまで首長権の輪番制が存続した可能性を認めていることに留意したい。こうした小地域における首長権の輪番制が後期まで存続した可能性については、他の地域においても指摘されており後述する。

このように各地において首長権の輪番制が指摘されたのであるが、畿内の場合、大王墓の変遷からこのような輪番制の指摘がなされることはなかった。むしろ、畿内と他地方の相違にこそ、畿内政権の先進性を見出すという論調が支配的でもあった。そもそもこうした論考の嚆矢となった西川宏自身が、以下に引用するように両者の差異を強調していたのである。すなわち、「吉備政権の性格」（『日本考古学の諸問題』一六五ページ）において、「この地方（筆者註・吉備）は三大河川によって分断され、（中略）諸集団は相対的に自立性をもって発展し、（中略）有力集団の連合政権という形の権力が確立するに至ったのである。この点、倭政権が大和盆地という一つのまとまりをもった地形と、大和川という単一の水系とによって、盆地周辺に成立した諸政治集団が、急速に大王家という単一権力を抬頭《たいとう》させ」たと指摘しているのである。こうして大和王権の他地方より早い単一権力の形成と他から抜き出た権力の背景を強調する結果ともなったのである。しかし、畿内大王墓の築造地も数代ごとに移動している。この現象についての考察は、地方とはいえ各地で発見・指摘された首長権の輪番制という論点が提示された以上、もはや欠くことができないものとなっていた。

大王墓築造地の変遷

畿内における大王墓築造地は、一代ごとに移動することがないものの、数代を経て移動を繰り返すという特徴がある。仮に大和盆地東南部の箸墓古墳を初代として五世紀までの状況を跡付けると、箸墓の後はそこからやや北方の柳本《やなぎもと》古墳群（ただし両者は隣接しており明確な移動とはいえないだろう）を経て大和盆地北端の佐紀盾列《さきたてなみ》古墳群へ、そして大阪平野の古市《ふるいち》・百舌鳥《もず》両古墳群へと移動する。

このような大王墓築造地の移動については、各時期における王権にとっての重要地を選択したものにすぎず、首長系譜自体は連続していたとする近藤義郎説をはじめ（近藤義郎一九八三年）さまざまな解釈が提示されている。その主なものを紹介すると、まず水野祐《ゆう》以来文献史学者や古代文学研究者によって提示された王朝交代によるとする説があげられる（ここでは水野の論のみあげておく。水野祐　一九五四年）。次に白石太一郎によって、大王権が大和政権を構成する諸豪族間を転々と移動したとする説が提示された（ただし古墳の構成要素には継続的要素が多いことから、王朝交代ではなく、王権を構成する複数系譜のなか

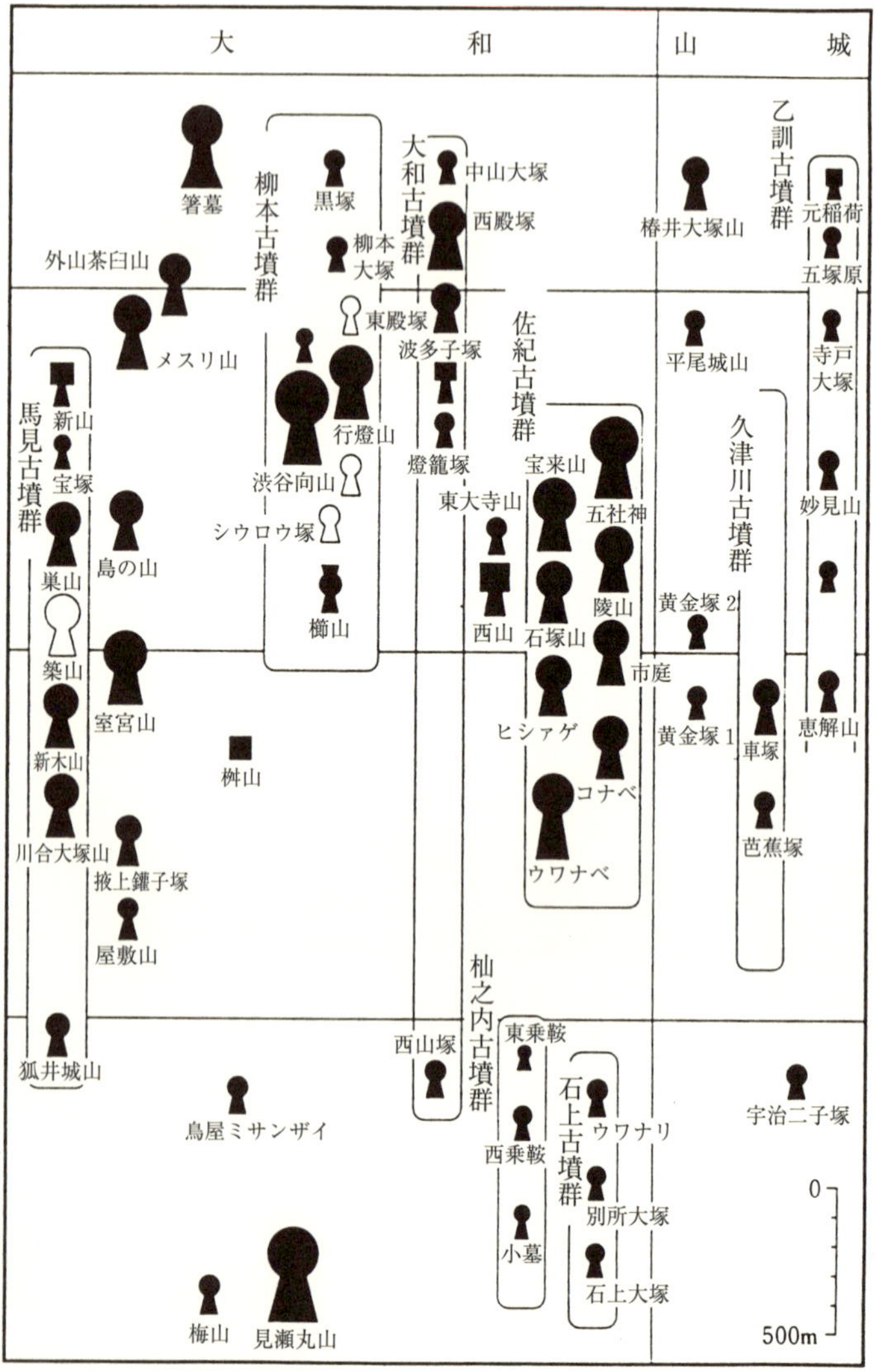

大　和
山　城
箸墓
柳本古墳群
黒塚
柳本大塚
大和古墳群
中山大塚
西殿塚
椿井大塚山
乙訓古墳群
元稲荷
五塚原
外山茶臼山
東殿塚
波多子塚
佐紀古墳群
平尾城山
寺戸大塚
メスリ山
馬見古墳群
新山
行燈山
燈籠塚
宝来山
久津川古墳群
宝塚
渋谷向山
東大寺山
五社神
妙見山
シウロウ塚
巣山
島の山
櫛山
西山
石塚山
陵山
黄金塚2
築山
市庭
室宮山
ヒシアゲ
黄金塚1
車塚
恵解山
新木山
桝山
コナベ
ウワナベ
川合大塚山
掖上鑵子塚
芭蕉塚
屋敷山
杣之内古墳群
東乗鞍
西山塚
狐井城山
石上古墳群
ウワナリ
宇治二子塚
鳥屋ミサンザイ
西乗鞍
別所大塚
0
500m
小墓
石上大塚
梅山
見瀬丸山

王墓）築造地の移動

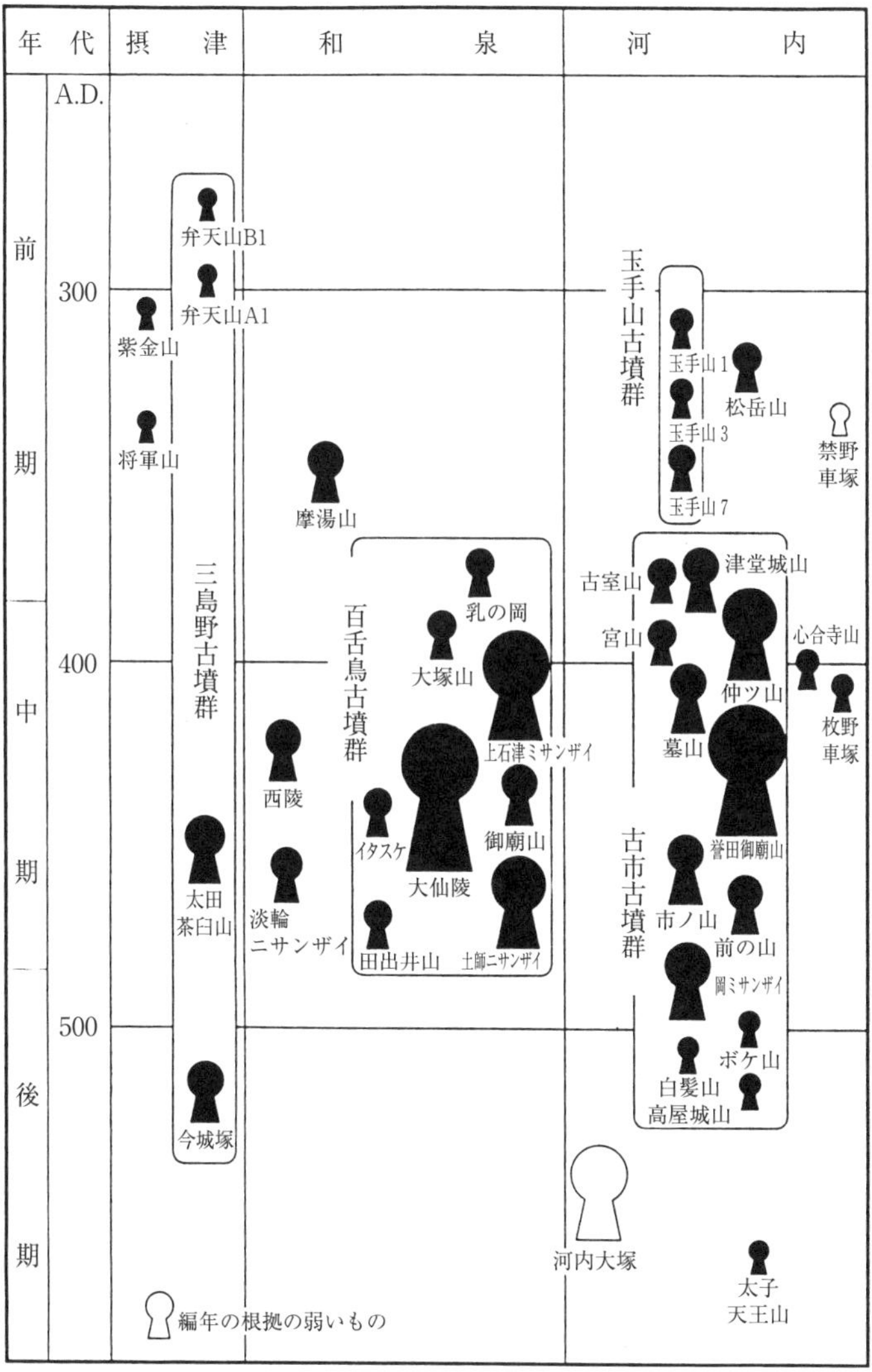

年代
摂津
和泉
河内
A.D.
前期
中期
後期
300
400
500
弁天山B1
弁天山A1
紫金山
将軍山
三島野古墳群
太田茶臼山
今城塚
摩湯山
百舌鳥古墳群
乳の岡
大塚山
上石津ミサンザイ
西陵
イタスケ
御廟山
大仙陵
淡輪ニサンザイ
田出井山
土師ニサンザイ
玉手山古墳群
玉手山1
玉手山3
玉手山7
松岳山
禁野車塚
古室山
津堂城山
宮山
心合寺山
仲ツ山
枚野車塚
墓山
誉田御廟山
古市古墳群
市ノ山
前の山
岡ミサンザイ
ボケ山
白髪山
高屋城山
河内大塚
太子天王山
編年の根拠の弱いもの

15　畿内巨大古墳（大

における主導権の移動・交代にすぎないと考えている。白石太一郎　一九六九年）。さらに、おそらく岸俊男による巨大古墳築造地と后妃出身氏族本貫地との関連性の指摘（岸俊男　一九六〇年）を受けた「皇后」出自氏族による大王墓造営地の提供説（水野正好　一九九〇年）もある。

このように多くの説が提示されているが、王朝交代説を除けばいずれも政権自体は継続しており、劇的な変動はないとみる点で一致している。また、大型古墳の分布を分析した白石太一郎によって、大和川流域地方は古墳時代当初から他地方に比して広大な領域がまとまった政治体を形成していたとする興味深い考察も公表されている（白石太一郎　二〇〇七年）。要するに研究の大勢は、「畿内の政権は古墳時代当初から他地方に比して広範囲にわたる政治体を形成していたものの、その内実には不安定な要素も数多く認められる」という方向にあると考えてもさほど問題ないであろう。

首長墓築造地の固定

以上のように多くの地方で首長墓造営地の移動現象が報告されているのであるが、ある段階から特定地域に首長墓が連続的に築造されるようになる。以下、この問題について考えてみよう。

各地首長墓の築造地が特定の場所に固定する現象は、早い地域では五世紀初頭に認められるが、多くの場合は五世紀後半、六世紀前半の二時期に集中して現れる。そしてこうした動きが遅れた地域も最終的に六世紀中葉ごろ、固定化して定着するようになる。まずその代表的な事例をみていこう。

五世紀後半に固定化する地域として、最も代表的な埼玉県行田《ぎょうだ》市の埼玉《さきたま》古墳群から眺めよう。本古墳群の場合、五世紀後半の稲荷山《いなりやま》古墳（前方後円墳、全長一二〇メートル。以下前方後円墳の場合墳形・全長省略、また数字は前方後円墳が全長、円墳が直径、方墳は一辺を示す）を嚆矢として二子山《ふたごやま》古墳（一三五メートル）→鉄砲山《てっぽうやま》古墳（一一二メートル）→将軍山《しょうぐんやま》古墳（九〇メートル）→六世紀末の中《なか》の山《やま》古墳（七九メートル）、まで前方後円墳がつづく。七世紀にはいると円墳の八《はち》幡山《まんやま》古墳（八〇メートル）→浅間塚《せんげんづか》古墳（五八メートル）を経て中葉以降方墳となり、戸場口山《とばぐちやま》古墳（四〇メートル）→そして地蔵塚《じぞうづか》古墳（二八メートル）で終焉を迎える。

群馬県の場合は五世紀後半以降各小地域で首長墓の固定化現象が顕著に認められるが、ここでは既述した保渡田《ほどた》古墳群のほかに前橋市総社《そうじゃ》古墳群をあげておこう。総社古墳群の場合、五世紀末の遠見山《とおみやま》古墳（七〇メートル）を嚆矢として以下王山《おうやま》古墳（七二メートル）→二子山《ふたごやま》古墳（九〇メートル）と続く。七世紀前半の愛宕山《あたごやま》古墳（五六メートル）以降方墳となって、以下宝塔山《ほうとうさん》古墳（五四メートル）→七世紀末の蛇穴山《じゃけつざん》古墳（四三×三九メートル）で終焉する。

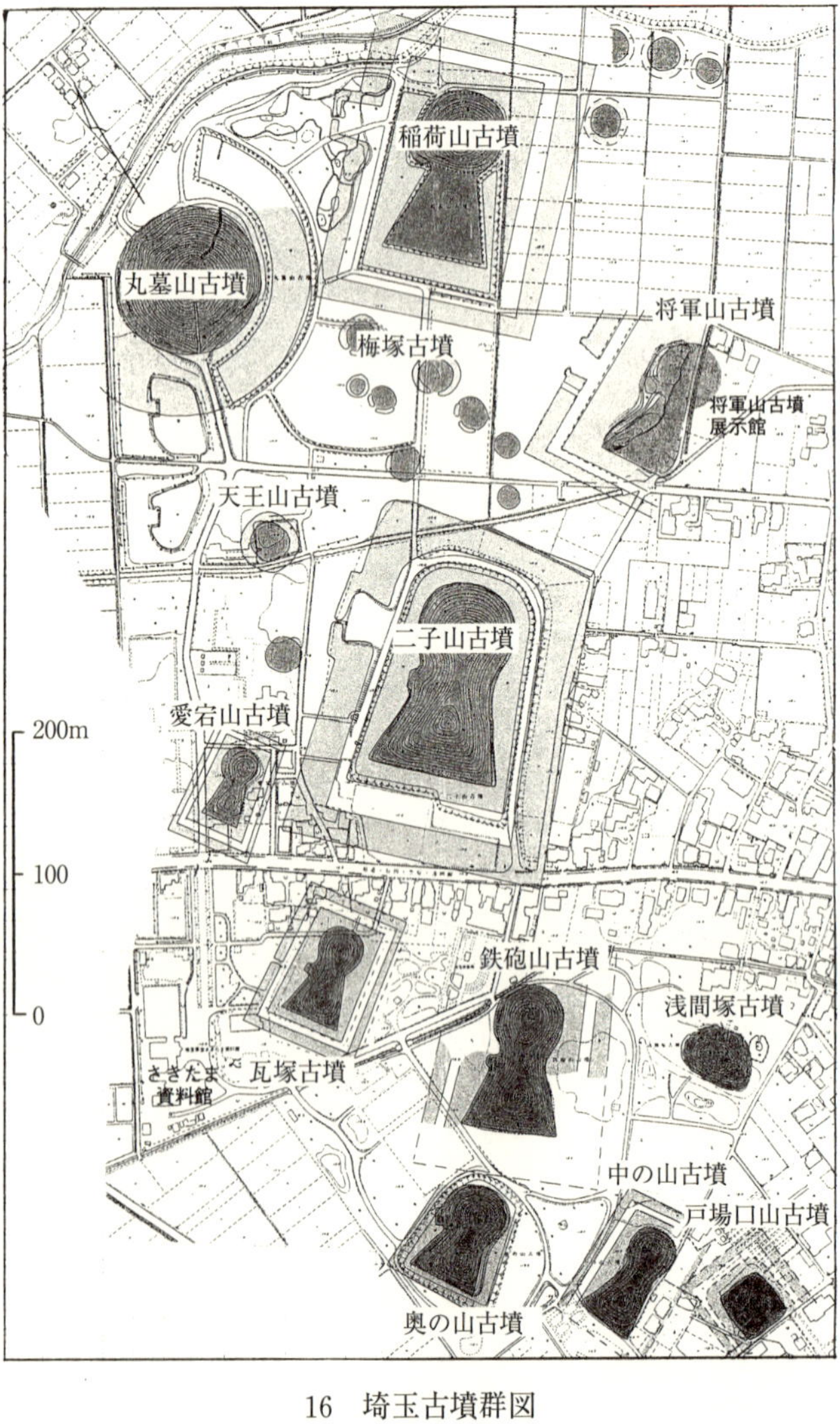
稲荷山古墳
丸墓山古墳
梅塚古墳
将軍山古墳
将軍山古墳
展示館
天王山古墳
二子山古墳
愛宕山古墳
200m
100
0
鉄砲山古墳
浅間塚古墳
さきたま
資料館
瓦塚古墳
中の山古墳
戸場口山古墳
奥の山古墳

16　埼玉古墳群図

関東以外ではまず滋賀県篠原の大岩山《おおいわやま》丘陵の古墳（大岩山古墳群）が注目される。五世紀末に築造された天王山《てんのうざん》古墳（五〇メートル）以後、円墳となって円山《まるやま》古墳（二八メートル）→甲山《かぶとやま》古墳（三〇メートル以上）→宮山《みややま》1号墳（一八メートル）→宮山2号墳（一五メートル）と七世紀初頭に至るまで指呼《しこ》の距離に造墓活動をつづけている。なお上述した古墳の場合、首長墓としては小規模にすぎるとの批判もあろう。しかし、埋葬施設の横穴式石室や石棺の規模は、首長墓にふさわしい威容を誇っている。

九州では福岡県の宗像《むなかた》古墳群をあげることができる。五世紀後半の新原《しんばる》・奴山《ぬやま》1号墳（五〇メートル）を嚆矢として、以後津屋崎《つやざき》41号墳（九七メートル）→津屋崎10号墳（七〇メートル）→在自剣《あらじつるぎ》塚《づか》古墳（八五メートル）→新原・奴山30号墳（五四メートル）→天降《あめふり》神社古墳（八〇メートル）と、六世紀後半に至るまで継起的に前方後円墳を築造した。

以上の五世紀後半に始まる造墓地固定化現象に対し、六世紀前半に固定する地域もまた多くを数えることができる。その実態を、ふたたび東方から概観してみよう。

まず栃木県思川《おもいがわ》流域の古墳をあげることができる。ここでは六世紀初頭の摩利支天塚《まりしてんづか》古墳（一二一メートル）が築かれて以後、琵琶塚《びわづか》古墳（一二三メートル）→吾妻岩屋《あづまいわや》古墳（一一七メートル）→山王塚《さんのうづか》古墳（八九メートル）まで前方後円墳がつづいた。七世紀にはいると円墳となり、壬生《みぶ》車塚《くるまづか》古墳（八二メートル）や国分寺丸塚《こくぶんじまるづか》古墳（七四メートル）が構築されている。

千葉県では富津《ふっつ》市の富津古墳群が、六世紀前半の九条塚《くじょうづか》古墳（一〇四メートル）を先頭に以後三条塚《さんじょうづか》古墳（一二二メートル）→稲荷山《いなりやま》古墳（一〇六メートル）まで前方後円墳がつづいた。七世紀になると割見塚《わりみづか》古墳（四〇メートル）以降方墳となって亀塚《かめづか》古墳（三八メートル）→森山塚《もりやまづか》古墳（二七メートル）→野々間《ののま》古墳（二〇メートル、七世紀後半）とつづいた。

西日本では島根県松江市の山代《やましろ》・大庭《おおば》古墳群がある。ここでは六世紀初頭の方墳、大庭《おおば》鶏塚《にわとりづか》古墳（四三メートル）以降、前方後方墳の山代二子塚《やましろふたごづか》古墳（九二メートル）が六世紀中葉〜後半に、そして七世紀にはふたたび方墳となって山代方墳（四五メートル）→永久宅後《えいきゅうたくうしろ》古墳（方墳？、規模不明）と継続的に築造された。

九州では熊本の野津《のづ》古墳群がある。六世紀初頭の物見櫓《ものみやぐら》古墳（六四メートル）を嚆矢として以後姫《ひめ》ノ城《じょう》古墳（八六メートル）→中《なか》ノ城《じょう》古墳（九九メートル）→端《はし》ノ城《じょう》古墳（六八メートル）→そして六世紀後半の大野窟《おおののいわや》古墳（約一〇〇メートル）まで前方後円墳が築造されている（物見櫓古墳から端ノ城古墳までの四基は近接した位置にあるのに対し、大野窟古墳はそこから北方約一・五キロとやや離れて所在している。しかし、周辺には同時期の有力古墳がなく、大局的には同じ台地上に立地していることから、首長墓系譜が野津古墳群から大野窟古墳へと継続していることに相違ないであろう）。

以上のほかに若干時期の異なる段階から首長墓築造地の固定が始まる地域もあるので、以下に概観しておこう。

まず岐阜県（美濃）の場合をみると、首長墓の形成拠点は律令期の郡の範囲にほぼ対応し、それら首長墓築造地の移動期が畿内中枢における大王墓の移動とおおむね対応することが中井正幸によって示唆されている（中井正幸　一九九六年）。これに対して伊賀では、名張《なばり》市の美旗《みはた》古墳群が他よりきわめて早い段階から首長墓造営地の固定化がなされている。すなわち、四・五世紀の交わりごろに比定できる殿塚《とのづか》古墳（八八メートル）を契機として、以後五世紀代には女良塚《じょろうづか》古墳（一〇〇メートル）→毘沙門塚《びしゃもんづか》古墳（六五メートル）→馬塚《うまづか》古墳（一四一メートル）と続く。そして六世紀前半の貴人塚《きじんづか》古墳（五五メートル）で前方後円墳の築造は終わり、後半には小円墳ながら大型横穴式石室を内蔵する赤井塚《あかいづか》古墳（二〇メートル）を築造した。また福岡県の八女《やめ》古墳群は、五世紀前半の石人山《せきじんやま》古墳（一二〇メートル）を嚆矢とするが、以後八女丘陵から北方五キロ付近に藤山甲塚《ふじやまかぶとづか》古墳（七〇メートル）、石櫃山《いしびつやま》古墳（約一一〇メートル）、浦山《うらやま》古墳（八八メートル）の三基が五世紀後半にかけて相ついで構築された（三基の正確な築造順は不明）。ふたたび八女丘陵に戻るのは、筑紫君磐井《つくしのきみのいわい》の墳墓と考えられている岩戸山《いわとやま》古墳（六世紀前半、一三八メートル）からで、以後乗場《のりば》古墳（六〇メートル）→善蔵塚《ぜんぞうづか》古墳（九〇メートル）→鶴見山《つるみやま》古墳（八五メートル）と六世紀後半まで丘陵上を徐々に東へ移動しながら築造をつづけた。八女古墳群の場合、首長墓築造地の固定を岩戸山古墳以後に考えると六世紀前半となる。

上とは逆に遅れて固定化が実現した地域としては千葉県成東《なるとう》町の板附《いたつき》古墳群がある。ここでは六世紀中葉の西《にし》ノ台《だい》古墳（九〇メートル）を築造の契機として、以後不《ふ》動塚《どうづか》古墳（六二メートル）→七世紀に入り方墳になって駄《だ》ノ塚《づか》古墳（約六二メートル）→同中葉の駄ノ塚西古墳（三〇メートル）で終焉を迎えるのである。

固定の史的背景

さて、上記した古墳群の多くが国造《くにのみやつこ》の本拠地に所在することに気付くのである。埼玉古墳群は无邪志《むさし》国造、総社古墳群は上毛野《かみつけの》国造、思川流域の古墳は下毛野《しもつけの》国造に、千葉県下では富津古墳群が須恵《すえ》国造、板附古墳群は武社《むさ》国造の本貫地に相当する。関東以外では滋賀県大岩山古墳群は淡海安《おうみやす》国造の本貫地である可能性が考えられるのをはじめとして、美旗古墳群が伊賀国造、山代・大庭古墳群は出雲国造、八女古墳群は筑紫国造、そして野津古墳群が火《ひ》国造の本貫地にそれぞれ比定できるのである。このほか宗像古墳群は、のちに婚姻関係を通して中央政府にも一定の関係を保った胸肩氏に連なる首長墓を中心としたものであろう。

つぎにこれらの首長墓の多くが五世紀後半および六世紀前半に築造地の固定化を迎えることの意味を考え、他の事例についても一考してみよう。まず築造地の固定化現象がみられた古墳群は、上記したようにその多くが国造の本貫地に相当している。国造は中央政府によって任命された最初の本格的地方官である。ただし、律令制の国守のように、中央から官吏を派遣するのではなく在地豪族を任命したものである。この点に「地方」支配の限界も認められる。

さて、国造制の成立は六世紀に入ってからであり、篠川賢《しのかわけん》による、西日本での成立が六世紀中葉、東日本はそれより半世紀近く遅れたとする説が有力である（篠川賢　一九九六年）。もちろん当該期に初めて大和政権との接触があって国造に任命されたなどとは考えにくい。直木孝次郎《なおきこうじろう》が早くから指摘したように、五世紀後半における雄略朝の「ヒト制」の成立に遡及する長い準備期間を必要とした（直木孝次郎　一九五八年）。大和政権による地方支配の萌芽が五世紀後半に始まることは、埼玉稲荷山古墳出土鉄剣の銘文や熊本県江《え》田船山《たふなやま》古墳出土鉄刀銘文などによっても裏付けられている。

これに対して六世紀前半は、おおむね継体、安閑、宣化大王の三代に相当する。当該期は大和政権内部に混乱もみられるが、『日本書紀』によると、安閑朝に屯倉《みやけ》設置の記事が集中している。『書紀』の記載内容を無批判に信じることは危険であるが、政権内部の混乱にもかかわらず地方首長層への働き掛けは積極的に継続されていたことが窺えるのである。もちろん、大和の混乱に乗じてより有利な状況に持ち込もうとする動きもみられる。筑紫君磐井《つくしのきみいわい》が乱を起こす際に継体大王の使者に語った話の内容（「今こそ大王の使者などと言っているが、かつては自分と同輩でともに食事をした仲ではないか。使者になったからといって従うものではない」。大略このような内容を、継体大王の使者である近江毛野に語り、命に服さなかった）をみると、いまだ大和の支配が十分に貫徹していない状況であることがわかる。しかし、大和政権側が磐井の乱に勝利すると以後大規模な「反乱」は姿を消し、大和が名実ともに中央化する大きな契機となったことが理解できるのである。

このような地方への働き掛けが一応完了して、大和政権の地方首長に対する優位がゆるぎなきものになったのは欽明朝のことと考えてよいだろう（当該期には千葉県成東町板附古墳群において首長墓築造地の固定化がなされた）。当該期には、かつて大和政権の最大のライバルであった吉備に大規模な屯倉（児島《こじま》屯倉、白猪《しらい》屯倉）が設けられ、白猪屯倉において籍帳の作成が実施されていることは注目に値する（平野邦雄　一九七〇年）。吉備は記録にみるかぎり五世紀代に数度の「反乱」を起こし、そのすべてに失敗している。考古学的にも五世紀初頭の造山《つくりやま》古墳（岡山市、前方後円墳〈以下前方後円墳省略〉、三六〇メートル）の墳丘が同時期の大王墓（百舌鳥《もず》石津丘古墳＝履中《りちゅう》陵古墳）と同規模であったのが、中葉の作山《つくりやま》古墳（総社市・岡山市、二八六メートル）、後半の両宮山《りょうぐうざん》古墳（赤磐市、二〇六メートル）と徐々に規模を縮小させており、同時期の大王墓との差が広がる傾向にある。そしてその後、新たな大型古墳の築造はなくなり、六世紀中葉〜後半のこうもり塚《づか》古墳（岡山市、一〇〇メートル）まで顕著な古墳はみられない。しかも、こうもり塚古墳にみる復権は、かつての吉備政権とは異なり、大和政権による白猪屯倉経営の現地管理者としての限定的な権力の掌握であった（亀田修一　二〇〇八年）。

　以上のようにみれば、大和政権との親密な関係をもった各地方の特定首長系譜が、それまでの輪番制など地方独自の体制から、大和政権を後ろ盾として首長権の独占的継承に成功したのではないかと思われる。こうした系譜の多くが、その後国造に任命されたものと思われるのである。反対に大和政権の側に立てば、首長権が特定系譜に固定される方が支配の貫徹が容易になるという利点が考えられるのである（この場合、さきに述べたように大和に対抗できるような有力地方においてはその力を弱めることに意を注いだ。あくまでも大和からみて脅威に感じない程度に力をもち、大和に忠実でかつ地元をまとめる能力のある在地権力を育てることに腐心したのである)。

本項の最後に、上記した古墳群とは異なり、五世紀初頭と早い段階から築造地の固定化が始まった伊賀の美旗古墳群や美濃の古墳についても一考しておこう。まず伊賀は畿内の東に接しており、早くからその影響を強く受けていた。また美濃は既述のとおり、首長墓形成拠点が律令《りつりよう》期郡の範囲に対応し、首長墓築造地の移動期は畿内大王墓の移動とも対応することが判明している。上記両地方は壬申の乱の際、前者は大友《おおとも》皇子の生母出身地、後者は大海人《おおあま》皇子側に立って勝利に導いた。立場はまったく逆であるが、古代最大の内乱時にはともに重要な役割を演じており、早くから畿内勢力との密接な関係にあった結果であると評価できるのである。

存続する「移動する王墓」　さきに石川県羽咋地域における首長墓築造地の移動が六世紀中葉まで残存すること、中小首長層においては大首長墓築造地が全国的に固定化される六世紀前半以後になっても移動現象が残存する地域のみられることを述べた。以下では古代武蔵国橘樹《たちばな》郡と愛知県三河湾沿岸部における首長墓の変遷を概観しておこう。

前者では浜田晋介により、六世紀〜七世紀前半にかけて郡内の各所を大型円墳が時期ごとに移動築造されていることが明らかにされた（浜田晋介　一九九六年）。しかし、近接地

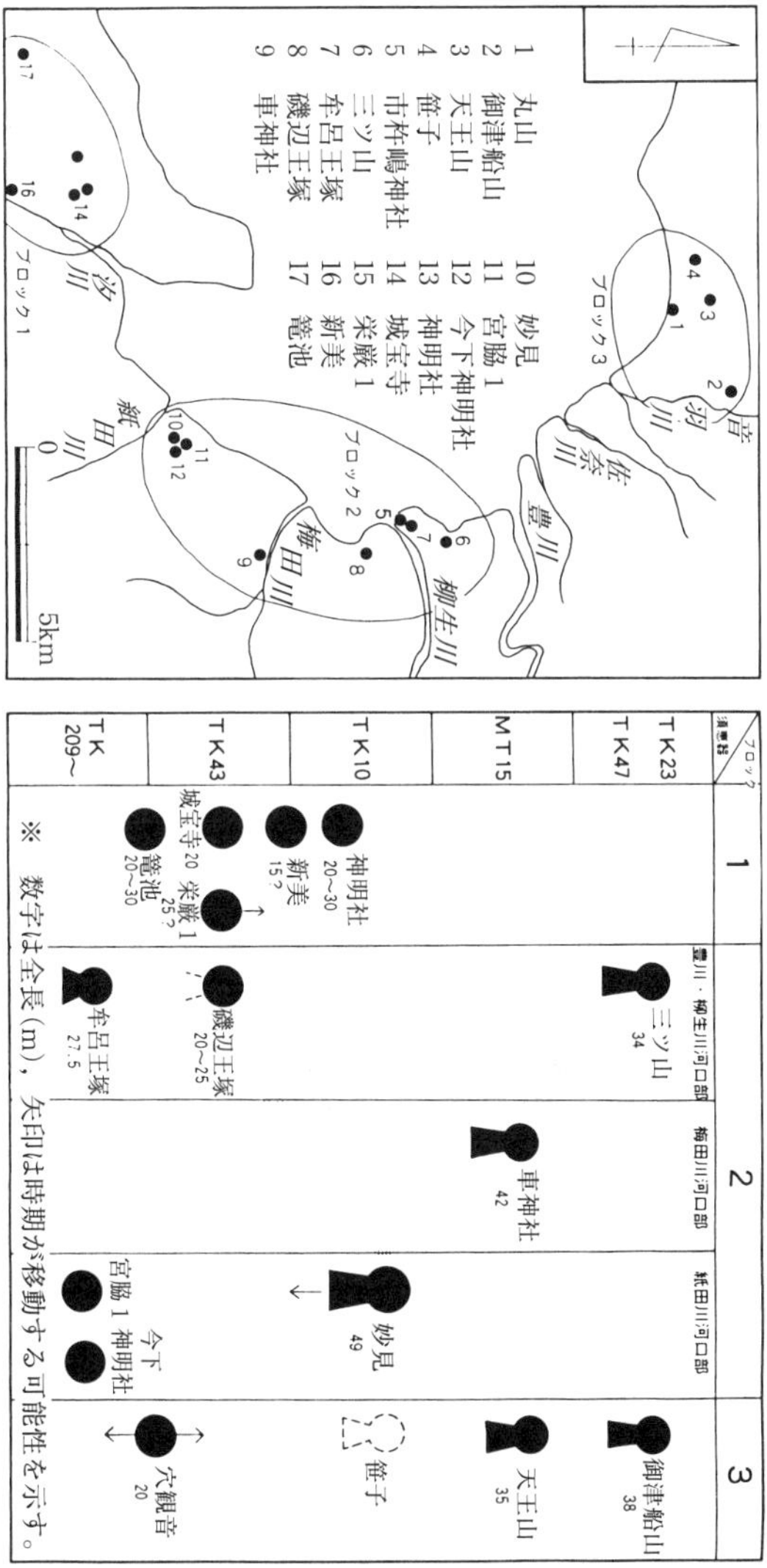

17　三河湾沿岸部小首長墓変遷図

において四世紀代に築造された白山古墳（八七メートル）や観音松古墳（七〇メートル）とはまったく性格を異にした小首長墓である。

一方、後者では五世紀後半～六世紀後半にかけて豊橋南部の首長墓造営地が三つの小河川河口部を一基ごとに移動する（岩原剛　一九九八年。おおむね三〇～五〇メートルの前方後円墳）。東三河では全体を統括するような大首長の存在は、墳墓からみるかぎり確認できない。しかし六世紀後半になると、奈良県橿原市見瀬丸山《みせまるやま》古墳と類似した形態を示す前方後円墳で大型横穴式石室を内蔵し、副葬品の充実ぶりが目立つ豊橋市東部所在の*馬越長火塚《まごしながひづか》古墳（六〇メートル）が「穂国造《ほのこくぞう》」墓に想定されており、豊橋南部の古墳は、さきの武蔵国橘樹郡同様東三河という広い範囲の首長墓ではないことが明らかである。

* 見瀬丸山古墳（三一〇メートル）と築造時期がほぼ同じ（六世紀第3四半期～第4四半期）で、墳丘の形態が以下に述べるような特徴を共有する一群の古墳が西日本中心に分布している。①後円部から前方部への変換部（くびれ部）は、他の古墳に比してあまり内側に入らない。②前方部高は後円部に比して著しく低い。またその墳頂部は、平坦である。③後円部上段のみ傾斜角度がきつく、高くつくられている。以上の特徴を共有する古墳としては、長崎県壱岐《いき》市対馬塚《つしまづか》古墳（六五メートル）、同双《そう》六《ろく》古墳（九一メートル）、福岡県糸島市元岡石《もとおかいし》ヶ原《はら》古墳（五四メートル）、熊本県氷川町大野窟古墳（約一〇〇メートル）、岡山県総社市こうもり塚古墳（約一〇〇メートル）、そして馬越長火塚古墳がある。

　このように、首長墓造営地の固定化が進んだという場合の「首長」とは、在地社会最上層の首長を指しており、それより下位の中小首長層には、なお在地固有の論理が継承されていたものと思われる。首長墓造営地の固定は大和政権の進出と無縁ではないが、それは各地最上層首長との関係にすぎず、在地社会内部はいまだ直接的な大和政権のコントロール下にはなかった。律令制が完成して大和の地方支配が貫徹するにはなお約一世紀の期間を要し、七世紀後半まで待たねばならなかったのである。

畿内主導の実態——畿内の意向と在地の論理

五世紀初頭の変動

既述のように、五世紀後半以後、すなわち後期になると、各地で首長墓築造地の固定化現象が認められる。ところが、実は前期（四世紀代）においても首長墓造営地が固定して連続的に首長墓を築造していた地域が少なからず認められるのである。この場合、東日本にこうした実例が多く、宮城県名取市飯野坂《いいのざか》古墳群、神奈川県海老名市秋葉山《あきばやま》古墳群、山梨県甲府市中道《なかみち》古墳群などをあげることができる。しかし、いずれも四世紀末あるいは五世紀初頭の古墳造営をもって終了する。あたかも、中期の開始と軌を一にするかのような現象である。また、同じ時期に遠距離にある諸地域で、同様の現象が認められることから、これらをただちに偶然の結果として片付けるのではなく、これまで同様、各事例を丁寧に追いかけて、共通の歴史的背景が潜むものであるのか否かについての検証を行ってみよう。

飯野坂古墳群

宮城県名取市飯野坂古墳群は、前方後方墳五基（ただし観音塚《かんのんづか》古墳は、箸墓古墳に類似した墳丘の前方後円墳である可能性が高い）が主軸を揃えて指呼の間に集中する。かつては中期から後期にかけての時期が考えられていた。現在も年代を決定付ける資料はないが、墳丘の形態や当地における古墳全体の動向から、相当に遡上する時期（四世紀初頭〜四世紀末ないし五世紀初頭）が考えられるようになってきた。観音塚古墳（約六三メートル）→宮山《みややま》古墳（約六〇メートル）→名取薬師堂《なとりやくしどう》古墳（六七メートル）→山居《さんきょ》古墳（六〇メートル）→山居北古墳（四〇メートル）の順に築造されたものとみられる。そして山居北古墳の築造と同じころ、東北最大の前方後円墳、雷神山《らいじんやま》古墳（一六八メートル）が約一キロ南方の同じ台地上に築造されている。

飯野坂古墳群と雷神山古墳をまったくの同系列とみるには、墳形の相違の他に規模の格差が大きく、他の集団をも加えた大規模な連合を想定する考察も提示されている。ただし、その後約半世紀に渡って大型古墳の築造がなくなり、五世紀中葉〜後半の名取大塚古墳（前方後円墳、九〇メートル）になってようやく復活する。

秋葉山古墳群

秋葉山古墳群は前方後円墳三基、前方後方墳・方墳各一基の計五基からなる。このほか同じ丘陵上で南へ三キロ弱の位置に前方後円墳一基（瓢簞《ひさご》塚《づか》古墳）が所在しており、秋葉山古墳群中最後の古墳に後続する。しかも両者の周辺には同時代の古墳が他になく、これらは一連の首長墓として扱ってよいであろう。

さて、上記首長墓のなかで最も早くに築造された古墳は秋葉山3号墳（前方後円墳、約五〇メートル）である。出土土器（墳頂部と周溝から出土）の示す年代が庄内新式《しょうないしんしき》に並行することから、これまで古墳の出現が相当に遅れるものと考えられてきた相模《さがみ》が、一転して東日本のなかでも早い段階から古墳築造を開始していたことが判明した。ただし、本墳の後円部は縦よりも横に長い楕円形であり、いわゆる「纒向型前方後円墳」との関連性も考慮する必要があろう。埴輪をはじめ、特殊器台や葺石《ふきいし》は確認されていない。

次代の2号墳は整った前方後円形で、墳長約五〇メートルを測るが、段築はない。墳丘裾部出土の土器は布留式《ふるしき》の古段階を示している。3号墳と同じく葺石はないが、きわめて特異な土製品が出土した。「円筒形土製品」と呼ばれる本製品は、透かし孔や突帯がなく他に類例をみない。埴輪の影響を受けて制作されたものに相違ないであろう。

1号墳は全長約六〇メートルを測る。墳丘には段築があり、畿内布留式の中～新段階に忠実な形態を示す小型丸底壺が墳丘裾部から出土しているが、埴輪はない。以上はいずれも前方後円墳で、記載順に築造されたものと考えられるが、本古墳群にはこのほか前方後方墳の4号墳（四一メートル）と方墳の5号墳（一七メートル）がある。前者は3号墳に近い時期が、後者は1号墳に近い時期が想定されている。

さきに指摘したように、本古墳群の南方には1号墳の次代にあたる瓢箪塚古墳（七〇メートル

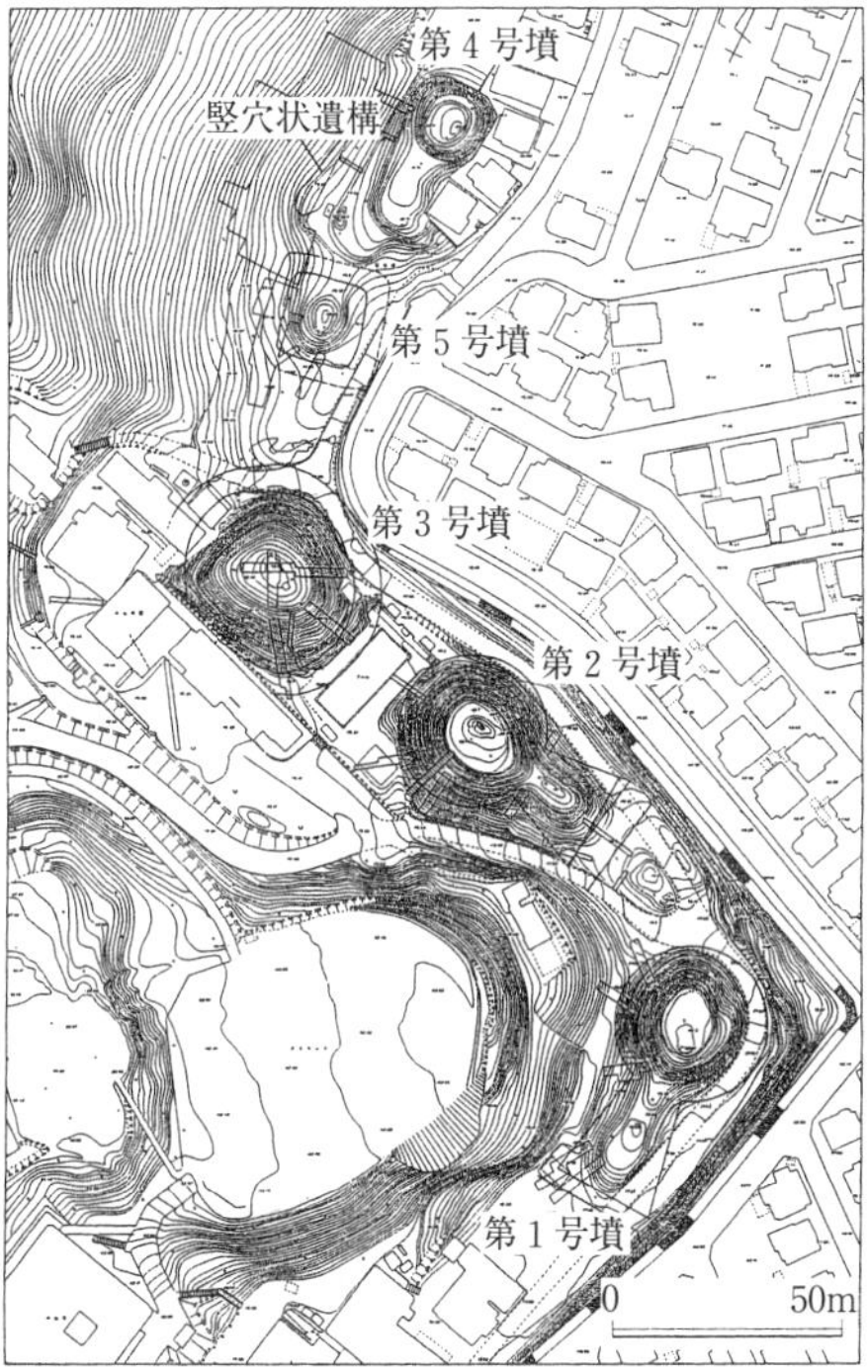

18　秋葉山古墳群図

以上）がある。本墳には段築があり、普通円筒とともに壺形埴輪も配置されていた。構築年代は出土土器から布留式の新段階に相当する。

以上、これら一連の首長墓は三世紀後半から四世紀末にかけて連続的に構築され、当初地方的変容が大きかったものが徐々に畿内古墳文化の消化吸収が進み、段築や埴輪など細部に至る畿内古墳文化への接近が認められるのである。これらの過程からみて、少なくとも当地における古墳の成立は、畿内などからの派遣将軍墓でありうる余地はない。新来文化が移住者によってもたらされることはよくある現象ではあるが、在地の主体的活動にも十分な留意が必要である。

中道古墳群　山梨県曾根丘陵北麓を中心として周辺には大型古墳が多く構築されている。しかし、弥生時代後期には曾根丘陵の一角をなす東山丘陵上に一二〇基以上もの方形周溝墓《ほうけいしゅうこうぼ》が営まれた上の平《うえのだいら》遺跡が所在する。これらの方形周溝墓には規模の差が認められるが、占地上の差異はなく周溝各辺の方向も小地区ごとで一致しており、なかには溝の共有も認められる。また周溝の数ヵ所にはブリッジを設けて全周せず、ブリッジ横の周溝内に土器を置いた儀礼を行うという特徴も共通する。この上の平周溝墓群が以下に述べる大型古墳出現の母体となったことは、立地や時代性（上の平方形周溝墓から連続し

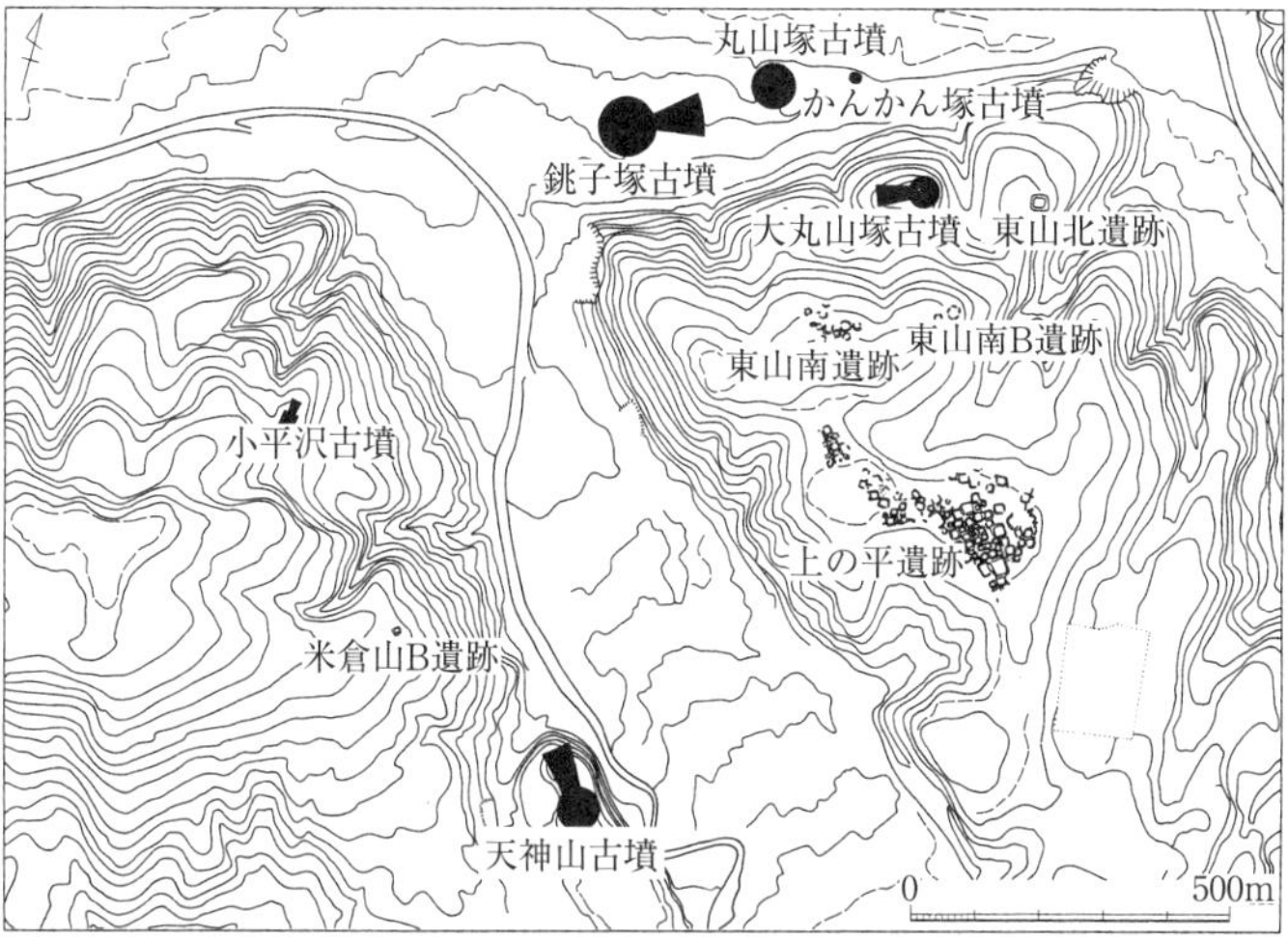

19　中道古墳群図

て大型古墳へと移行する）からみて違いないであろう。

さて当該地における最初の大型古墳は、上の平周溝墓群が位置する東山丘陵とは谷を隔てて西に位置する小平沢《こひらざわ》古墳（前方後方墳、四五メートル）である。出土土器から、構築年代は四世紀初頭に比定されている。前方後方墳から古墳の築造が始まる例は飯野坂古墳群を含む東日本に多く、前方後円墳を象徴とする邪馬台国連合に対し、狗奴《くな》国連合の象徴であるという興味深い説が提示された（宇野隆夫　一九九五年）。しかし、奈良・岡山県など西日本にも前期に遡上する前方後方墳は多く、事実はそれほど単純ではない。

小平沢古墳以後前方後円墳となり、三角縁神獣鏡や竪矧板皮綴短甲《たてはぎいたかわとじたんこう》など豊富な遺物が出土した大丸山《おおまるやま》古墳（九九メートル）→（天神山《てんじんやま》古墳、一三二メートル）→四世紀末の甲斐銚子塚《かいちょうしづか》古墳（一六九メートル）と続く。しかし五世紀前半の丸山塚《まるやまづか》古墳（七二メートル）は円墳となって、以後大型古墳の築造は途絶える。ところが、五世紀後半には東山丘陵上に、上の平周溝墓群以来約二〇〇年ぶりに墓域を戻す。これら東山南Ⓐおよび東山南Ⓑ遺跡の墳墓は、墳形こそ円形であるが、他の特徴はさきに述べた上の平周溝墓のそれとおおむね共通する。したがって、大型古墳の築造が途絶えたのちは、立地とともに墳墓の形態や儀礼についても、あたかも弥生時代に立ち戻ったかのような状況を呈しているのである。

三古墳群変遷の歴史的意義

以上の三古墳群で注目されることは、まず①きわめて早い段階から首長墓造営地の固定化現象がみられること。*②しかし、四世紀末ないしは五世紀初頭を最後に造墓されなくなること。③そして以後築造地を変えて造墓するのではなく、当該地周辺において首長墓の築造自体が停止されたことである。これらの首長墓群が、まったく偶然に以上のような共通点を持ったとは考えにくいことである。そこで、これら古墳群に共通して認められた現象の背景を考えてみよう。

＊　既述のとおり、五世紀後半以降各地において首長墓造営地の固定化が進行する。こうした傾向が、

首長系譜の固定化やその権力強化と密接な関係にあることを述べた。そうであれば、上述した三古墳群造営地域は古墳時代の早い時期から「首長権力が強化された進んだ段階」に入っていたことになる。果たしてそのように考えてよいのであろうか。たとえば、西アフリカ・マンプルシ族では「諸王国」（ここでは諸共同体あるいは部族）共通の先祖が認識されている。このような場合、マンプルシ族では認められていないが、先祖の故地に代々の首長墓を造営した可能性もありうる。その際、代々の王は固定した系譜ではなく異なった系譜から擁立された場合でも、「同じ先祖」ゆかりの地に王墓を造営したのではないかと思われる。

以下では、年代を含め内容が相当程度解明されている秋葉山古墳群と中道古墳群を中心に検討しよう。実は両古墳群の各々が所在する相模川流域、甲府盆地のいずれも、これらの地方内に所在する首長墓は基本的に五世紀初頭を前後するころを境に以後築造されなくなることが知られているのである。相模川流域の場合、秋葉山が所在する東岸では既述の瓢箪塚古墳や寒川町《さむかわ》の大神塚《おおじんづか》古墳（六〇メートル以上？）、また西岸では厚木市の地頭山《じとうやま》古墳（七二メートル）や伊勢原市の小金塚《こがねづか》古墳（円墳、四八メートル）を最後に、以後大型古墳の築造はない。

一方、甲府盆地では笛吹《ふえふき》市の岡銚子塚《おかちょうしづか》古墳（九二メートル）が四世紀後半に、引き続いて五世紀前半には大型方墳の竜塚《りゅうづか》古墳（五六メートル）が築造されるが以後造墓は認められない。おおむね中道古墳群における甲斐銚子塚古墳→丸山塚古墳の動向と軌を一にするものとみてよいであろう。甲府盆地には、当該期において他に大型古墳の築造はない。したがって、相模川流域とほぼ同様の現象が認められるのである。

ところが、両地方で大型古墳の築造が終焉する五世紀前半の直後、すなわち五世紀中葉から六世紀後半にかけて長野県天竜川流域の伊那谷《いなだに》（現在の飯田市周辺）では五〇〜七〇メートル級の前方後円墳が多く築造されるようになる。当該地においてはそれまで古墳自体の築造がほとんどみられなかったのである。

このような現象の解釈としては、古墳がそもそも畿内に発しその変遷も畿内からの文化伝播によるところが多い（「『前方後円墳』をめぐって」の節で詳述するが、古墳の形態や埋葬施設の変遷は畿内が主導し*他地方はこれに倣っていること、副葬品のうち威信財《いしんざい》の多くは畿内から配布されたものであることなどを考慮しなければならない）ことを勘案すれば、以下のような案が考えられる。①畿内から東方へ向かう主要なルートが、原東海道から後の東山道に交代した可能性が考えられること。相模の在地勢力は、これによって畿内との関係が希薄になったものと思われる。また、富士山南麓から富士川を遡上するルートが前期において畿内との連絡路になっていたと思われる（前期における東海系土器の伝播ルートである）山梨県・中道における古墳の動向にも、同様の背景が考えられる。②早くから確立された畿内との密接な関係のために、完全に畿内勢力の麾下に入り大型古墳を築造することが許されなくなった。③何らかの理由により、勢力を喪失した結果である。

＊ 前期は三角縁神獣鏡を中心とした鏡鑑類（とくに同笵鏡）を主としていたが、前期後半には徐々に石釧《いしくしろ》、鍬形石《くわがたいし》、車輪石《しゃりんせき》などの石製品や筒形銅器などに取って代わる。中期に入ると前期の呪術的性格をもった威信財から、朝鮮半島製を中心とした金銅製武器や装身具などに変化する。これらはいずれも畿内中心に出土しており、そこからの配布によるものが多い。ただし、多くの地方では直接朝鮮半島に至るルートも確保されていた。とくに中期においては、威信財を直接あるいは渡来人を通して入手する事例が多くあったものと考えられる。

以上の三案のうち①と②は、古墳は畿内との関係において理解するべきものであり、②と③は古墳の規模は各在地勢力の強弱と正しく連動するという理解が前提となる。③の場合は大いにありうるが、確率のきわめて低い偶然の結果とみる以外、いくつかの地方で同時に同様の現象が生じた理由を説明することはできない。②は古墳時代後半期では可能性が高くなるが、これまでに検討したように、前期や中期前半の段階ではいまだ考え難い。①は高橋克壽《かつひさ》が埴輪の東方伝播ルートの変遷で明らかにした結果ともおおむね符合する〈高橋は、四世紀後半になって大和北部勢力〈佐紀盾列《さきたてなみ》古墳群〉が実権を持つと、東方へのルートがそれまでの大和東南部から榛原《はいばら》・宇陀《うだ》を経て松阪に至る道筋から、大和北部↓伊賀北部↓

北勢を経て美濃に至るルートに変更されたことを埴輪の分析から解明した。高橋克壽　一九九四年）。こうしたことから、飯野坂古墳群をも加えた上記古墳群の変遷の背景には、畿内における「政変」が絡んでいるものと思われる。もちろんこれまで検討してきたように、各在地における事情も複雑に錯綜しているものとみてよい。相模では近年五世紀代の大型集落が発見されつつあり、大型古墳の築造終焉後も人々の営みが継続されていたことが判明しつつある。また、中道においても弥生以来の先祖伝来の墳墓地に立ち返り、儀礼や墳丘構造が弥生方形周溝墓と同様の古墳を構築しているのである。このようにみると、上記した古墳群は、そもそも在地内部において古墳を必要とする社会になっていたのではなく、畿内との関係のもとにその墓制である古墳を受け入れたにすぎないのではないかと思われるのである。そのため、畿内との関係が希薄になればもはや古墳を築造する積極的な理由を喪失したのではないだろうか。古墳を唯一の基準として各地勢力の強弱を測る場合、各地における事情、すなわち各地における古墳の位相を評価したうえで行わなければ著しい誤謬《ごびゅう》を犯す結果となるのである。

国家形成と王墓

畿内大型古墳群の変遷

一九六九年、白石太一郎は西嶋定生の示した古墳の理解にしたがって、「古墳が当時の階級関係の表現である以前に、まず当時の政治関係の表現である」とする観点から、「古市・百舌鳥古墳群に代表される、帝陵級の大前方後円墳を含む畿内の大型古墳群の形成過程の分析と、それら相互の比較を試みることによって、大和政権の政治的展開過程の一端にせまろうと」した（白石太一郎　一九六九年　九ページ）。この考察の基礎となる大型古墳築造順の決定については、「帝陵級古墳」の多くが陵墓に指定されて内部の状況が不明であるために、同一古墳群中に所在する古墳の立地条件を重視した。その結果、畿内の最大級古墳は柳本古墳群を中心とする大和南部を嚆矢として、以後大和北部の佐紀盾列古墳群を経て河内・和泉へと築造地が移動したことを重視した。また河内（古市古墳群）と和泉（百舌鳥古墳群）の両古墳群については、両者の間を交互に移動したものとみている。その後、一時的に移動した摂津三島野《みしまの》を経て、六世紀後半にはふたたび大和の古墳が優越性を回復したと考えた。

このように畿内における巨大古墳の消長を跡付けると、その所在地は特定古墳群に固定されるのではなく時期ごとに移動を繰り返すことを主張した。その歴史的意義についてはは大和政権の首長権がそれを構成する諸豪族の間を転々と移動したものと考えたのである。白石は近年になって考察をさらに進め、古墳出現期の大型古墳が畿内北部の淀川《よどがわ》水系では墳丘長一〇〇メートル級ないしこれを上回る大規模前方後円墳（前方後方墳）が要所要所に築造されたのに対し、大和川水系では奈良盆地南部の柳本～纒向（狭義のやまとと称する）に集中しており、他にないことを指摘した。この歴史的背景として、淀川水系がいまだ各小地域に政治勢力が割拠する段階であったのに対し、大和川水系ではすでに全体が一つの政治領域に統合されていたためであると考えたのである（白石太一郎　二〇〇七年）。したがって大和政権の中核は古墳時代初頭にすでに形成されていた大和川水系（奈良盆地、中・南河内、和泉地域）の諸政治勢力による連合体であり、首長権はこの諸政治勢力間を移動したものとみたことになる。他地方よりも逸早い段階での広域連合の成立が、古墳時代をリードしやがて律令国家へと向かうことになったものとみたのであろう。

大型古墳群と中小古墳群

白石の一九六九年の考察は大きな反響を呼んだ。なかでも野上丈助《のがみじょうすけ》は、大型古墳群のみではなく畿内における他の中小古墳群をも包括する論考を発表し（野上丈助　一九七〇年）、両者の質的差異や史的展開の意義に及んでいる。

北摂津（北摂）の豊島《としま》（大阪府豊中市）や三島（大阪府茨木市・高槻市）の前期首長墓は丘陵上に散在立地しており、前者は弥生時代における共同体を造墓単位とする在地首長の墳墓からはじまり、後者は弁天山《べんてんやま》古墳群が古墳時代の早い段階から先行して築造を開始するが、その後各小地域で四系列の古墳が築造される。ところが五世紀になると、前者は桜塚《さくらづか》古墳群に集中造営されて各在地の造墓はいったん途切れる。また後者においては五世紀代には平野部に巨大前方後円墳・太田茶臼山《おおたちゃうすやま》古墳（全長二二六㍍《メートル》。在地首長墓ではなく、これを超えた次元の存在）が築造されるようになり、この周辺に中・小型の前方後円墳等が集中して造営され、在地における首長墓の造営は停止あるいは極端な規模の縮小化現象が認められる。しかし豊島ともども六世紀代に入ってふたたび在地首長墓の造営が復活する

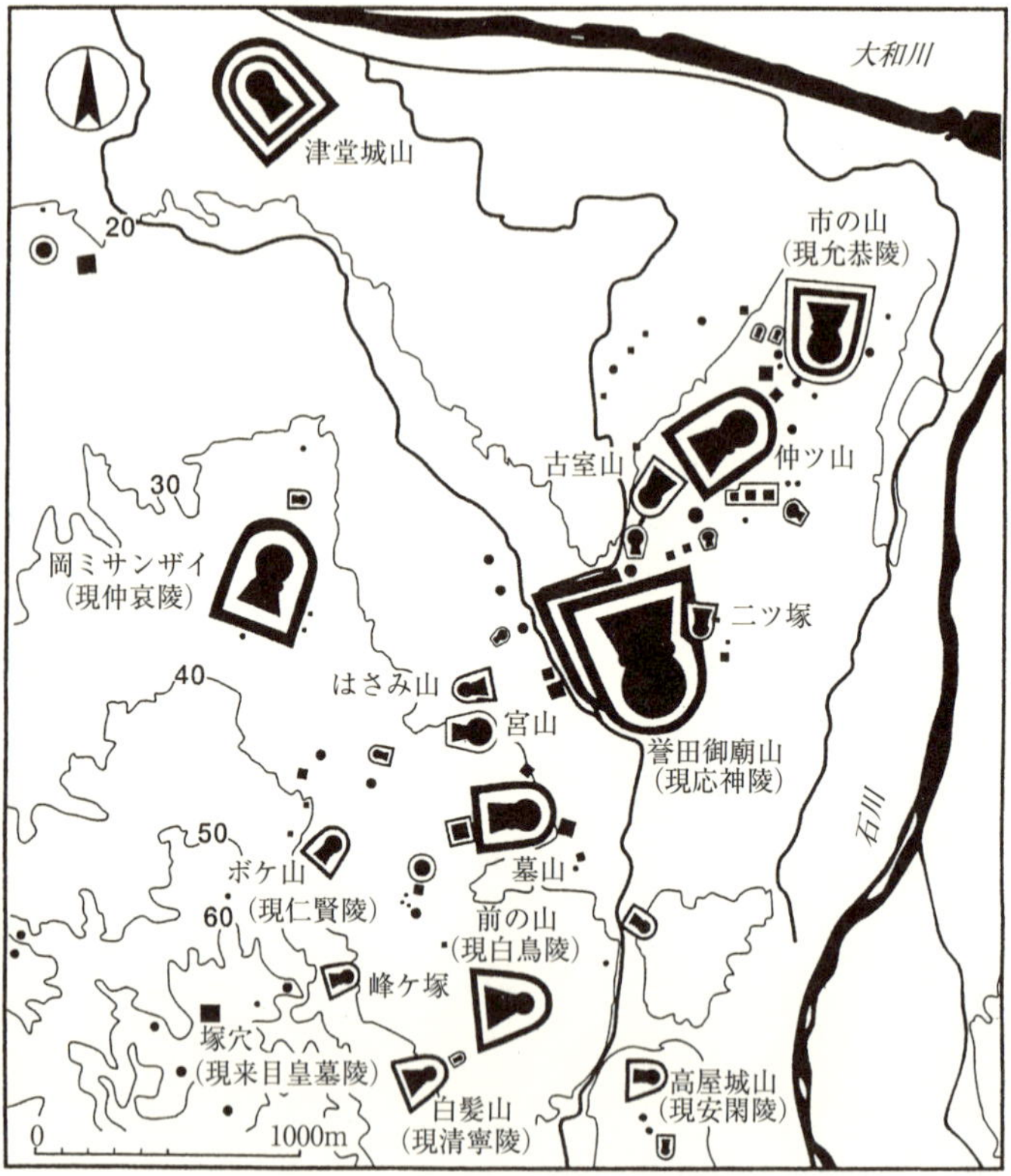
大和川
津堂城山
20
市の山
（現允恭陵）
古室山
仲ツ山
30
岡ミサンザイ
（現仲哀陵）
二ツ塚
40
はさみ山
宮山
誉田御廟山
（現応神陵）
石川
50
ボケ山
（現仁賢陵）
墓山
60
前の山
（現白鳥陵）
峰ケ塚
塚穴
（現来目皇墓陵）
白髪山
（現清寧陵）
高屋城山
（現安閑陵）
0
1000m

20　古市古墳群分布図

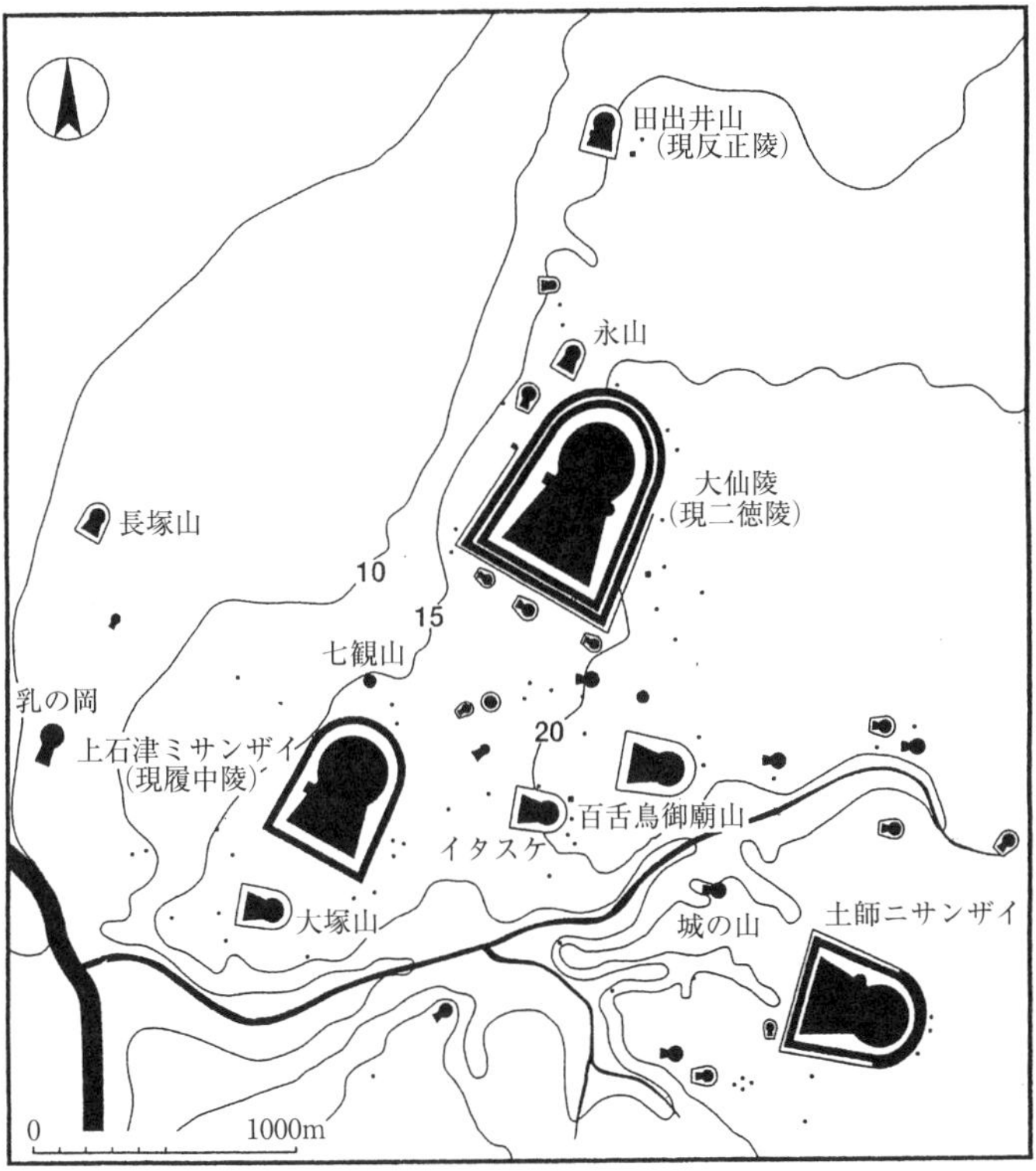
田出井山
(現反正陵)
永山
大仙陵
(現仁徳陵)
長塚山
10
15
七観山
乳の岡
上石津ミサンザイ
(現履中陵)
20
百舌鳥御廟山
イタスケ
大塚山
城の山
土師ニサンザイ
0
1000m

21　百舌鳥古墳群図

古墳群

ことから、両者とも在地首長の系譜が途切れたわけではないとみる。この原因として、副葬品の内容なども検討した結果、豊島では「倭政権」との関係においてすなわちその関与のもとに桜塚古墳群への集中がなされたものと考えた。一方、三島においては平野部巨大古墳築造者側による在地首長の秩序・系列化の結果であるとみなした。これらの指摘のうち前期の北摂における首長墓のありようは、前述した白石による淀川水系における出現期古墳の様相を四〇年近くも前に指摘したものである。さらに中期の様相は、古市・百舌鳥における大王墓を中核とした古墳群の様相と対比できるものである。つぎに、野上によるこれら巨大古墳群の分析を聞かねばならない。

野上は古市・百舌鳥両古墳群の特徴として、次の四点を指摘した。①古墳群のなかには複数の系列が含ま

22　古市

れており、在地首長をも取り込んでいること。②とくに古市古墳群の場合、その中心勢力は在地の玉手山《たまてやま》古墳群の系譜ではなく、松岳山《まつおかやま》古墳を介して佐紀盾列古墳群からの系譜がたどれるものであり、佐紀盾列古墳群築造集団の主導による玉手山古墳群系列を包摂した形での古墳群形成を想定する。③両古墳群はいずれも群内における配置に関連性が認められ、造営は相互規制のもとになされた計画的なものであった。④両古墳群のあり方からは、在地古墳の系譜を追究するだけでは説明のつかない、大王墓級古墳の移動現象が認められると説いたのである。

野上の論考は、古墳群内部の構成に留意して分析の道を開いたことや、それによって巨大古墳を核とする大型古墳群と中小古墳群の格差を感覚ではなく科学的に把握することを可能にした優れた論考であった。そ

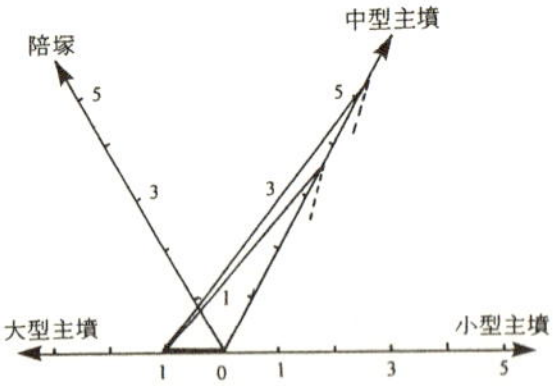

第2図　大和古墳群萱生支群構造図

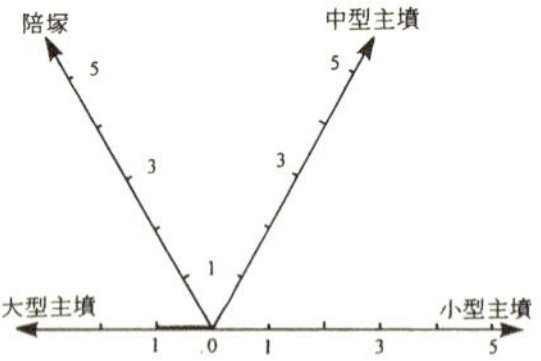

第1図　箸墓古墳

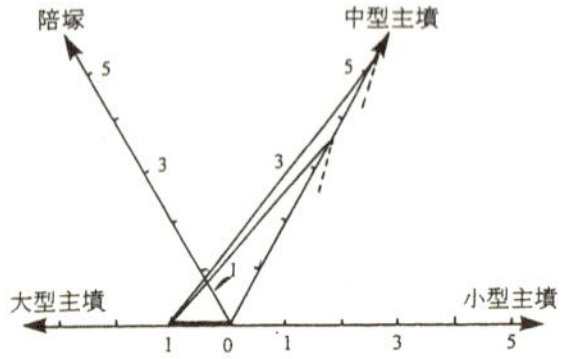

第4図　大和古墳群柳本支群構造図（2）

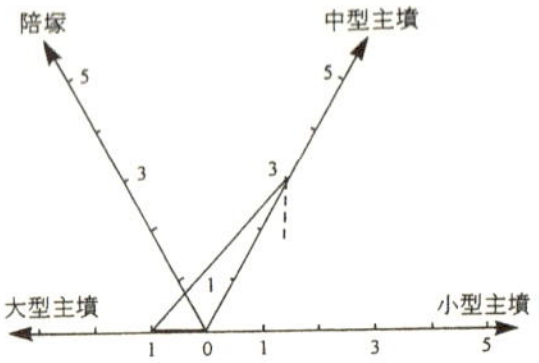

第3図　大和古墳群柳本支群構造図（1）

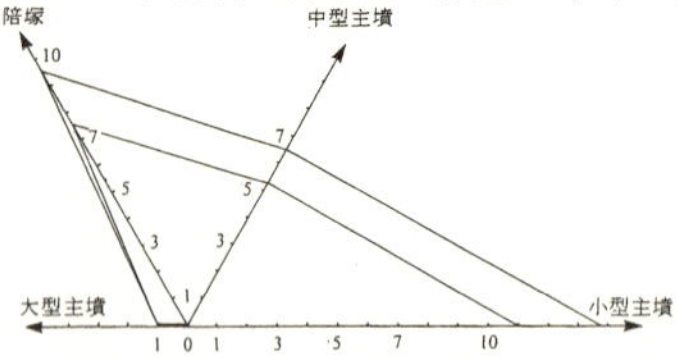

第6図　百舌鳥古墳群構造図

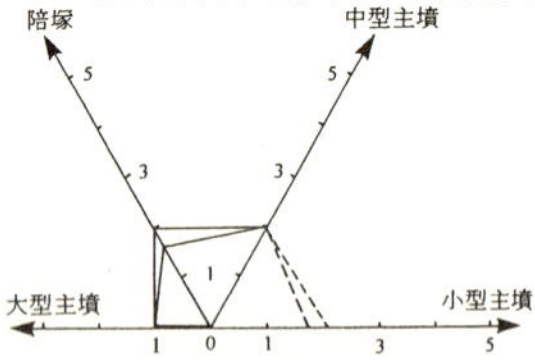

第5図　佐紀古墳群西群構造図

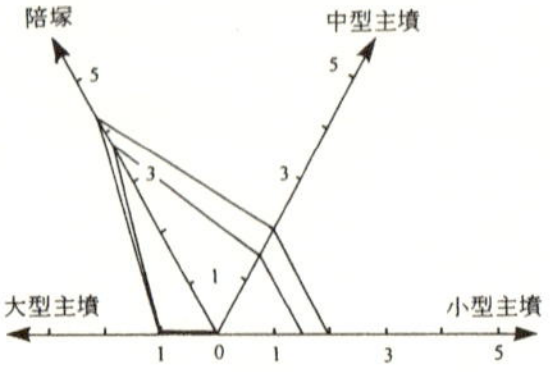

第8図　佐紀古墳群東群構造図

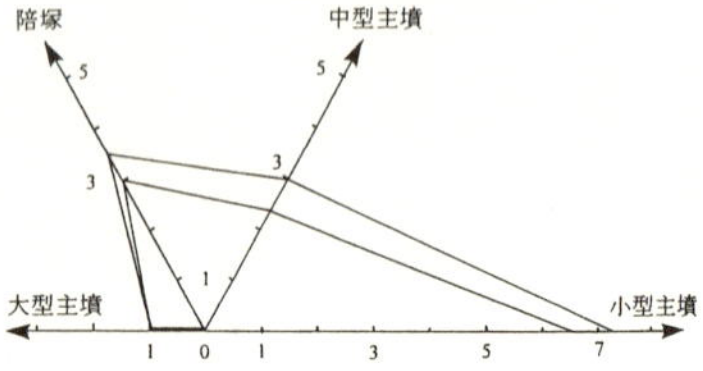

第7図　古市古墳群構造図

23　田中晋作の古墳構成図

こでつぎに、主要古墳群の構成分析に正面から取り組んだ田中晋作の研究（田中晋作　一九八二・八八年）を概観しよう。

畿内大型古墳群の構成

田中は畿内の主要古墳群を構成する古墳を、大・中・小型主墳（特定の数値を設けず、規模・内容等によって分類）そして従属墳（陪塚《ばいちょう》）の四種に分類して各々の古墳群の群構造を分析した。その結果、古墳時代前期前半（箸墓古墳・西殿塚古墳など）では大型主墳単独の構成であったのに対し、同後半には大型主墳［単独］＋陪塚［不明瞭］（柳本古墳群）という構成を経て大型主墳＋中型主墳＋陪塚（佐紀盾列古墳群西群）へと複雑化する。中期は引き続き複雑化が進み、古市・百舌鳥両古墳群では佐紀盾列古墳群西群の構成にさらに小型主墳が加わる。これに対して同じく中期の三島野古墳群や久津川《くつがわ》古墳群（京都府城陽市）などでは上記の構成要素から脱落するものがあって厚みを欠く。規模の差を別にすれば、古市・百舌鳥両古墳群と同様の構成をとるものは佐紀盾列古墳群東群のみであり、馬見《うまみ》古墳群（奈良県広陵町）も陪塚の希少性を除けば比較的類似していると指摘した。田中の論は中期までに止まり後期を欠くが、後期にはふたたび主墳単独化の傾向が強くなる。

以上田中の論は、①畿内の前半期古墳は、古墳群の群構成が複雑化の一途をたどること、

②複雑化の様相は巨大古墳を擁する古市・百舌鳥両古墳群においてとくに顕著であり、他の古墳群は両古墳群の構成からいくつかの要素が脱落すること、以上二点の指摘が注目できる。田中の論文は、古墳群の構成から大和政権の発展過程を窺おうとした意欲作であり、数ある古墳群のなかでも巨大古墳（大王墓）を擁する特定の古墳群が規模の点のみに終わらず、構成の面においても他に傑出する複雑化を遂げたことを示した点で画期的であった。

ところで、なぜ古墳群の群構成は複雑化するのだろうか。また大王墓を核とした古墳群の複雑化が傑出しているのだろうか。さらに後期になるとなぜ急速に単純な構成に戻るのだろうか。以下、この点について考えてみよう。

古墳群構成の複雑化

一口に複雑化といっても、実は二つの異なる要因によるものであることに注意する必要がある。一つは主墳の複数化であり、他は陪塚の増加である。前者の場合、三島野に築造された中期大型古墳、太田茶臼山古墳に注目したい。ここでは野上が注目したように、前期には三島の各地に築造されていた首長墓が太田茶臼山古墳築造時にはその周辺に集中して構築されている。つまり巨大古墳築造者が、三島各地に展開していた在地首長の墳墓を太田茶臼山古墳の周辺に強制的に築造させたと考えるべきであろう。実際、巨大古墳の築造がなくなると、各首長墓は以前築造された墳墓の地に各々復帰築造されているのである。集中の度合いも巨大古墳の集中する古市・百舌鳥古墳群を筆頭に、以後佐紀盾列古墳群東群、馬見古墳群へと徐々に緩やかになっており、地方の古墳群では主墳単一となる。つまり、権力の強弱と古墳の集中度はおおむね併行の関係にあると考えられるのである。

つぎに、複雑化現象は中期にそのピークを迎えるが、古墳数のうち多くの部分は陪塚の存在に拠る。つまり、各在地首長墓を巨大古墳周辺に築造させるのであるが、それとともに陪塚の多寡が複雑化の大部分を担っているといっても過言ではないだろう。たとえば最大の前方後円墳である百舌鳥古墳群の大山《だいせん》古墳（仁徳《にんとく》陵古墳、四八五メートル、三重の周濠を配す）では、中堤上や外堤の周囲等に一〇基を超える陪塚を従えている（すべての「陪塚」が既述の条件に合致しているか否かの決定ができていないことや、削平されてすでに消滅したものの存在も考えられるために正確な基数は不明である）。前期初頭の箸墓古墳の場合、巨大古墳にもかかわらず、周囲に陪塚等同時期の古墳は認められていない。そもそも陪塚とは大型古墳の周囲にあたかもつき従うように構築された中・小型古墳を指すが、実際には大型古墳構築後相当の時期を経て構築されたものも多いことは、すでに「始祖墓としての古墳」でみたとおりである。なかには偶然陪塚のようにみえる位置に築造されたものや、むしろ大型古墳の築造が後の場合もあろう。ここで陪塚と称するものは、主墳被葬者と陪塚の被葬者が生前人格的なつながりを有していた関係にあるものを指す。したがって認定には以下のような一定の手続きを要する。すなわち、主墳の堤や周濠内に築造されたもの、主墳と陪塚が道などの施設でつながりを有するもの、主墳をめぐる地割上にあって主軸を主墳と共有するか直交するなど（この場合は、必ずしも陪塚であるという確定には至らないがその可能性はきわめて高い）、土地区画を共有することが明らかであることが必要である。このような観点に立つならば、陪塚の大半は畿内巨大古墳に限られ、他地方では吉備の造山古墳が六基の陪塚を従えていることをのぞけば顕著なものは認められないのである。

そこで、以下では陪塚の性格を考えよう。

陪塚の性格

古市古墳群を構成する巨大古墳はいずれも陵墓に指定されており、これまで主体部が発掘調査された事例を欠くが、いくつかの陪塚は発掘調査されて貴重な情報をもたらしている。このうち、墓山《はかやま》古墳（五世紀前半、二二五メー トル）と誉田御廟《こんだごびょう》山古墳（応神《おうじん》陵古墳、五世紀第2四半期ごろ、四二五メー トル）のそれぞれ陪塚である野中《のなか》古墳（方墳、三七メー トル）、西墓山古墳（方墳、二〇メー トル）とアリ山古墳（方墳、四五メー トル）は、発掘調査が実施されて以下のような重要な成果を得た。

野中古墳は高野槙《こうやまき》の木櫃を五個並列して直葬していたが、いずれの木櫃も鉄製品や陶質土器など貴重品を副葬していた。とくに各種甲冑のセットが合わせて一一領をはじめ、鉄《てつ》鏃《ぞく》・刀剣など多量の武器類、さらに農工具類など、膨大な鉄製品がおさめられていた。これら副葬品のすべてが、一辺三七㍍《メートル》の方墳である野中古墳の被葬者の所有であったとは考えにくい。野中古墳の調査後、同じく墓山古墳の陪塚と考えられる西墓山古墳が発掘調査された。本墳は二列の木櫃が並列してあったが、人体埋葬は未確認である。むしろ、副葬品埋納専用の墳丘である可能性が高い。木櫃の内外から出土した遺物は大量の鉄器（武器・農工具類）を中心とする。刀剣類（短剣を含む）の二〇七本をはじめ、ヤリ八七本以上、鎌二三七個、鋤先二九四個以上、鑿《のみ》一三二個以上、斧一三九個以上、鉋《やりかんな》一〇二個以上など、仮に本墳に人体埋葬があったとしても、小古墳の被葬者がとうてい所持できる量ではない。

一方、誉田御廟山古墳の陪塚と考えられるアリ山古墳では南北に並んだ三つの施設が確認されたが、中央と南施設には攪乱があり当初の状況を良好に残していたのは北施設のみであった。ここでも木櫃状の構造が埋置されていたようである。内部は上・中・下の三層に分かれ、上層には鉄鏃群、中層は刀剣群、そして下層には農工具と膨大な量の鉄製品が配置されていた。鉄鏃の総数一五四二本、刀剣の数八五口、農工具には斧頭一三四個、鎌二〇一個、鑿九〇個、蕨《わらび》手《て》刀子《とうす》一五一個などがある。当然これらも上記古墳同様アリ山古墳の被葬者自身が所有したものとは考えにくい。

以上の陪塚に埋納された副葬品が陪塚被葬者の所有品でないとすれば、当然主墳被葬者の所有にかかるものと考えなければならない。つまり、これら陪塚の被葬者は、主墳（ここでは大王）の配下にあって貴重な鉄製品を管理する立場にあったものとみることができる。そうであれば、陪塚の発生と複雑化は王権機構の発展と密接にかかわるものとみなすことが許されよう。もちろん陪塚を有する古墳は大王墓のみではない。したがって大王麾下に限らず、大型古墳の陪塚被葬者はいずれも主墳被葬者の主導する政権内にあって、重要財産の管理者等腹心の部下であったものと考えられるのである。そこで、大王墓以外の巨大墳の事例をみておきたい。

さて、古市・百舌鳥両古墳群に大王墓が築造されていた五世紀中葉には、これと並行して佐紀盾列古墳群東群で巨大古墳の構築がつづけられているが、五世紀中葉にはウワナベ古墳（二五五メートル）が造営された。このウワナベ古墳陪塚のうち大和6号墳（円墳、二五メートル）は、敗戦後駐屯した米軍施設の建設によって破壊されることになったため、一九四五年一二月末から翌年一月にかけて緊急調査が実施された。主体部は粘土槨で、内部からやはり多量の鉄製農工具が出土した。鎌一三四個、鍬三九個、斧一〇二個、刀子二八四本などがある。しかし、本墳を特徴付けるのはやはり大量の鉄鋌《てってい》であろう。大型と小型の二種あり、前者が二八二枚、後者は五九〇枚ある。これほど大量の鉄鋌出土は他にほとんど類がなく、慶州、皇南大塚南墳（皇南大塚は双円墳《そうえんふん》、九八㍍）の一三三二枚に匹敵する量である。鉄が貴重であった当時にあって、多量の鉄製品とともに鉄素材の鉄鋌をも大量に副葬することのできた人物が直径二五㍍にすぎない大和6号墳の被葬者とは思えない。やはり、主墳であるウワナベ古墳被葬者の所有品であったと理解するべきであろう。このように大量の鉄製品や素材を惜しげもなく埋納すること、埋納した古墳を主墳の周囲に侍るように配置することは、在地首長墓を主墳の周囲に配置することと相まってそれら古墳集合体の中核をなす主墳の権威・権力を目にみえる形で誇示したものであろう。当然、政権構造の発展・複雑化が史的背景として考えられるのである。

そうであれば、六世紀中葉以後ふたたび主墳単独に戻る状況をどう理解したらよいのであろうか（古市古墳群では六世紀前半まで前方後円墳の築造がつづくが、以後大型古墳は途絶える）。以下では、後半期の大王墓をはじめとする首長墓のあり方を考えてみよう。

後半期首長墓の単独立地

六世紀になると、あれほど多くの陪塚を従えていた大王墓をはじめとする首長墓は、単独で存在するようになる。したがって、一見箸墓古墳や西殿塚古墳など前期初頭の首長墓と同様の様相を呈する。王権をはじめとする各政権の構造は、古墳時代初頭に立ち戻ったのであろうか。しかし、すでにみたように五世紀末以降大和政権による「地方」政権への介入と編入が進む。さらに六世紀代になると、部民組織の整備や屯倉設置も多くなる。つまり、政権構造は確実に複雑化に向かっているのである。したがって、「古墳群の群構成が複雑化に向かうという事実は、政権構造の発展・複雑化を示す」とした先の見解と一見矛盾する結果となるのである。この点についての私の見解は以下のとおりである。すなわち、①大王の権威は確実に上昇し、他者の墳墓を同じ土地に築造することを許さなくなった。②五世紀末成立の人（ヒト）制（直木孝次郎　一九五八年）を嚆矢として、以後国造制の整備（篠川賢は、西日本は六世紀中葉、東日本では六世紀末ごろに国造制が広範囲に成立したとみる。もちろん異論もあるが、国造制の成立・整備が六世紀代に求めうる点については、古代史研究者の間でおおむね合意を得ている。篠川賢　一九九六年）など原初的官司制が徐々に整備される。このことは、墳墓（古墳）のようなモノ（物質）による政治的位相や身分の表示から、官職など抽象的身分表示による段階へとさらに歩みを進めた結果であると考えるのである。

七世紀になると、飛鳥地域では中国の陵園制に類似した大王など最上層の占有にかかる墳墓地（公葬地）の存在も指摘されている（前園実知雄　一九八五年）。先に首長墓造営地の固定化現象で指摘したような五世紀末の変革は、当然ではあるが畿内でも確実に進行しており、その顕現化の一応の終着点であると考えられる。しかしこのような現象は日本列島独自のものであるのか、あるいは朝鮮半島においても同様の現象をみることができるのであろうかという疑問が浮かぶ。このことは古墳の持つ政治的意義が、日本列島と朝鮮半島で共通するのか否かということであり、ひいては両者における政権構造の解明にも密接に関係するものである。そこでつぎに、朝鮮半島諸国の様相を概観しておこう。

新羅王墓古墳群

新羅《しらぎ》は四世紀前半ごろの建国以来、一貫して金城《クムソン》（現〈以下同〉慶州《キョンジュ》）の地に都をおいた。慶州盆地の中央部には三国時代の王墓を核とする邑南《ウムナム》古墳群があり、全長九八《メートル》を測る皇南大塚をはじめ大型古墳が多いことで知られている。しかし、それら大型古墳の周囲には中・小規模墳が衛星のように取り巻いている。また近年の発掘調査によって、これら墳丘墓の周辺には無数の無墳丘墓が存在することが次第に判明しつつある。しかし、六世紀中葉以降になると、王墓は邑南古墳群から盆地周辺

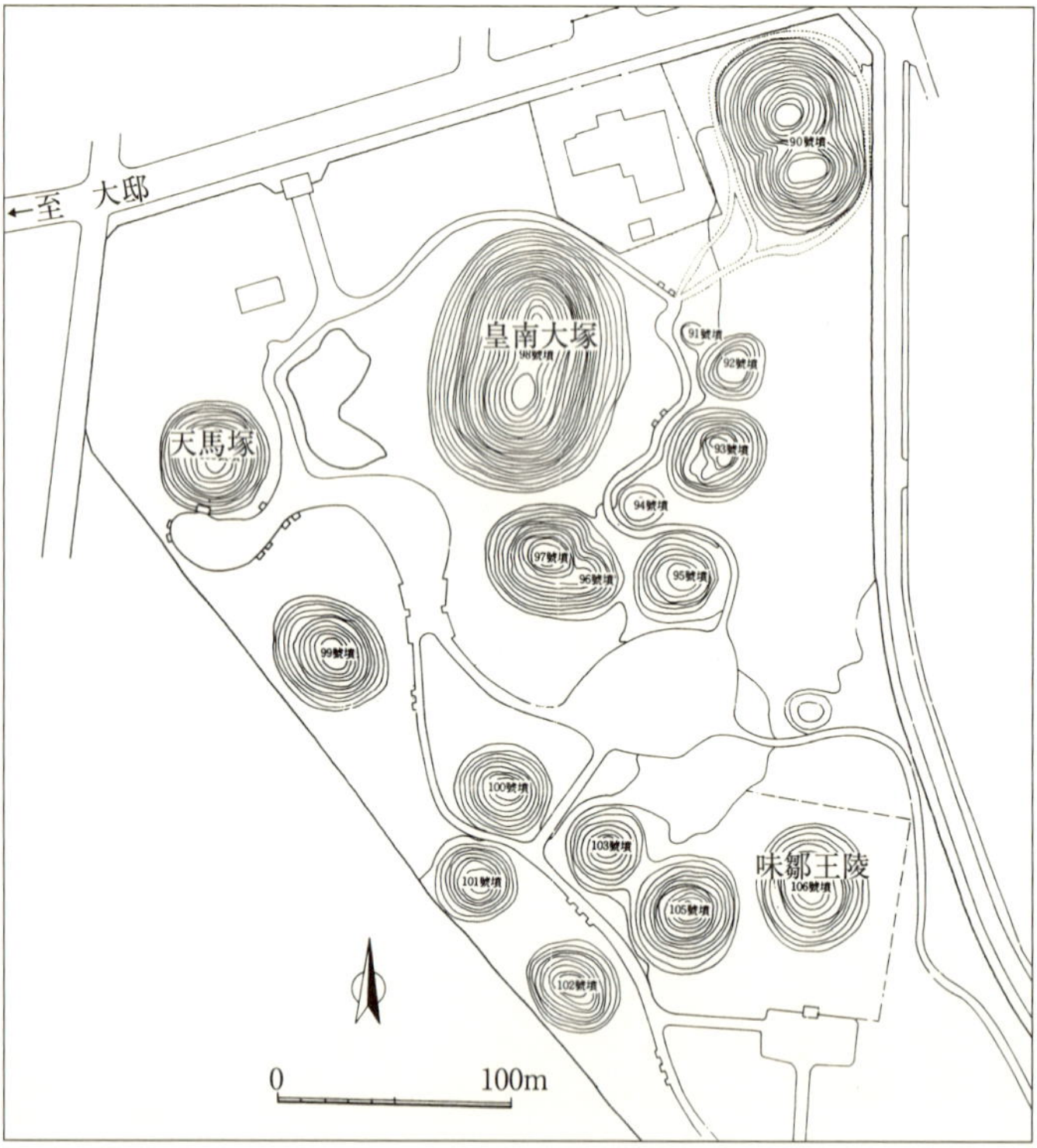
←至　大邸
皇南大塚
98號墳
天馬塚
90號墳
91號墳
92號墳
93號墳
94號墳
95號墳
96號墳
97號墳
99號墳
100號墳
101號墳
102號墳
103號墳
105號墳
味鄒王陵
106號墳
0
100m

24　新羅邑南古墳群図

の山麓部へと移動する。そしてこの段階になると王墓の単独化が顕著となり、小規模古墳は群集して山地の中に造営されるのである。

ところで、邑南古墳群に王墓が築造されていたころ、新羅ではモノによる身分表示が行われていたようである。金製の冠が慶州の大古墳から出土するのに対し、慶州の周辺地域ではもっぱら金銅製や銀製の冠が出土する。このような区別は他のモノにも適用されていたようで、装飾大刀などにも同様の現象が認められている。つまり可視的なモノの差による身分表示があり、これが墳墓にも持ち込まれたものであろう。

百済王墓古墳群

百済《くだら》は漢城《ハンソン》（ソウル、～四七五年）、熊津《ウンジン》（公州《コンジュ》、四七五～五三八年）、泗沘《サビ》（扶余《プヨ》、五三八～六六〇年）と遷都しており、それぞれに王墓の地が選定されている。石村洞《ソクチヨンドン》古墳群、宋山里《ソンサンニ》古墳群、そして陵山里《ヌンサンニ》古墳群である。石村洞では巨大な積石塚を中心とするが、小古墳や無墳丘の土坑墓など下位階層の墓も混在している。つぎの宋山里では当該期に在位した王に対し、その数倍の古墳が所在するが、古墳間に規模等顕著な差異はない。当該期はごく初期の混乱状態を除き、東城王以降王権の強化がはかられた。宋山里の古墳は、王と近親者の墓であろう。これらに対し、陵山里古墳群は計七基の古墳が整然と配置された古墳群である。この数は泗沘時代に在位した王の数

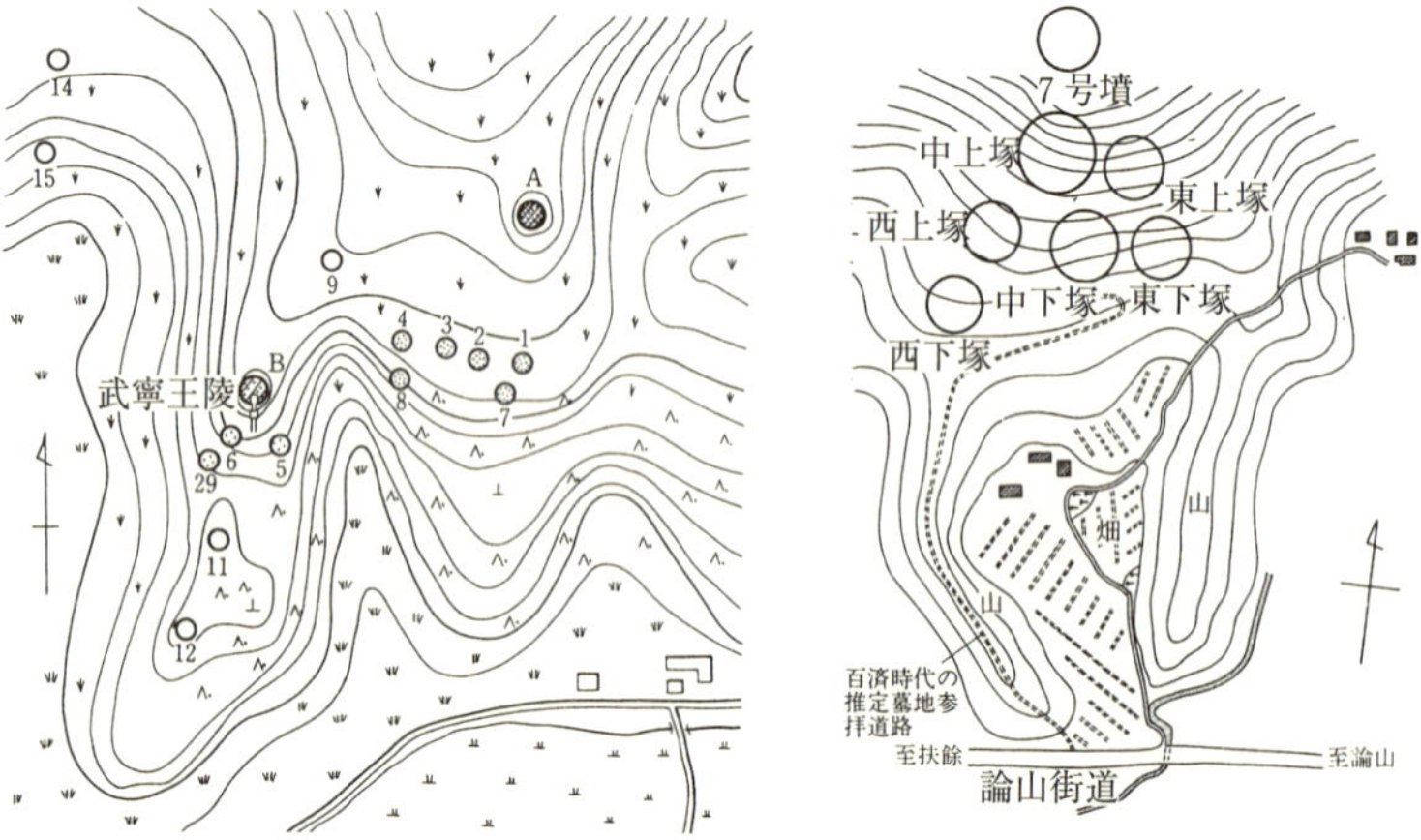

25　百済古墳群図（左・宋山里古墳群，右・陵山里古墳群）

とほぼ同数である。同古墳群とは谷を隔てて所在する陵山里東古墳群は、陵山里古墳群に匹敵する内部構造や副葬品を有しており、おそらく王の近親者の墳墓であろう。したがって、近親者でさえ王と同じ地での墳墓構築が認められなかったのであり、王権の著しい伸長が窺えるのである。

早くから百済の新羅や倭に対する先進性が指摘されているが、王墓を中心とする古墳群の構成分析からもそうした事情を窺うことができるのである。

加耶諸国の古墳群

加耶《かや》は朝鮮半島南部にあって、東の新羅と西の百済の間にあった小国群の総称である。早くから隣接する新羅、百済の侵略と倭の干渉を受け、統一政体に発展できなかった。最終的には、五六二年の新羅による大加耶攻略によって滅亡している。以下では、加耶諸国の王墓を含む古墳群の二、三を例にとって、その構成を概観しておこう。

大加耶の王墓を中心とした池山洞古墳群《チサンドン》（高霊《コリョン》）は、近年調査が最も盛んな古墳群である。ここでは主山城に隣接する丘陵頂部およびそこから降る尾根上に大型古墳が分布している。これに対して尾根から谷へ降る傾斜面や谷部には小型古墳や無墳丘墓が無数に分布している。とくに大加耶博物館建設工事にともなう調査が実施された谷底では石槨のみで墳丘を持たない無墳丘墓が数多く確認された。大局的には地形と古墳規模の相関性が窺われるが、同一古墳群内に諸階層の墳墓が混在していることに相違はない。

このような相関性と混在は、小加耶の松鶴洞古墳群《ソンハクドン》（固城《コソン》）や阿羅《アラ》加耶の末伊山《マリサン》古墳群（咸安《ハマン》）にも認められる。いずれも低丘陵の頂部に大型古墳が位置し、傾斜面には小型古墳が配置されている。ただし、池山洞古墳群ほど調査が進展していないために、詳細は不明である。

いずれにしても、加耶諸国では王墓の単独化を実現することがなかった。これは各国が政治的進展をみる前に滅亡したためである。

このようにみると、王墓を中心とする古墳群の構成分析は、国家形成過程をおおむね反映していることがわかるのである。百済が新羅と倭に対していち早く中央集権国家への道を歩んだこと、新羅や倭が六世紀前半から中葉にかけて急速に発展し政治体制を整備したこと、さらにはついにそれらの改革をなしえないまま滅亡した加耶諸国などの史実とも符合するのである。

「前方後円墳」をめぐって

古墳、なかでも前方後円墳の平面形が綿密な設計図に従ったものであるという指摘は、上田宏範の一連の研究を嚆矢とする（上田のこの分野での業績は多いが、もっともまとまっており閲覧に便利な次の書籍のみ掲げておく。上田宏範　一九九六年）。その後諸氏による試論が相次いで提示されたが、いまだ定説を得ていない。これらの中にあって石部正志などの研究（石部正志ほか　一九七九年）は相似形への着眼という重要な視点を切り開いた。

古墳規格の比較

一九八一年、和田晴吾は相似形という視点を受け継いで、「同形墳」「相似墳」などに注意を払った（和田晴吾　一九八一年）。前者は「同一のモデルプランから作られたと考えら

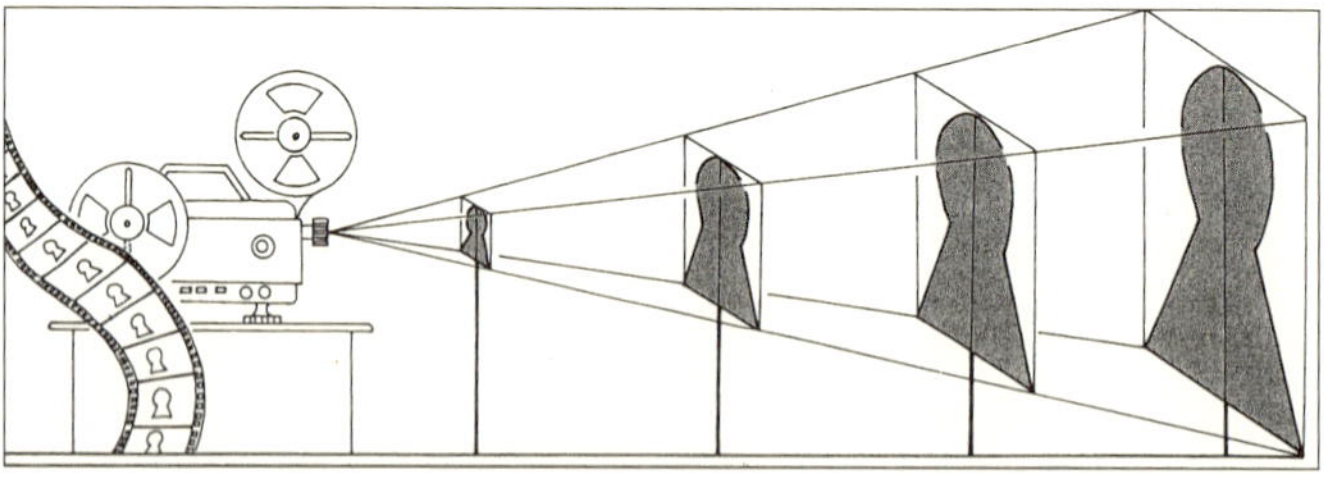

26　相似形古墳図（都出比呂志によるスライドの例）

れる同規模同形態の古墳の関係を」指し、後者は「モデルプランの二倍、三倍、あるいは二分の一、三分の一などの関係」（六二ページ）をいう。その結果、京都府向日《むこう》丘陵の初期前方後円（方）墳が箸墓古墳を基準とし、これを縮小して相似形に構築されたことを明らかにした。この研究は畿内内部の比較にとどまったが、北條芳隆は岡山市の浦《うら》間《ま》茶臼山《ちゃうすやま》古墳（前方後円墳、一四〇メートル）を箸墓古墳と比較検討し、前者が細部に至るまで後者の二分の一規模に構築されたことを明らかにした（北條芳隆一九八六年）。こうして、すでに成立当初の古墳から、畿内の巨大墳を基準とした関連性が汎列島的な広がりを持って存在した可能性を示したのである。その後、各地で畿内巨大古墳をモデルとする古墳の報告がなされている。また、地方の大古墳が畿内巨大古墳の設計モデルを一部変更したうえで、当該地における下位の古墳に設計図を配布したのではないかと思われる状況も認められている。

畿内＝地方連動説について

一九七〇年、小野山節《おのやませつ》によって画期的な論が提示された（小野山節　一九七〇年）。これは帆立貝式《ほたてがい》と呼ばれる前方部の短い前方後円墳を取り上げ、帆立貝式古墳が特定の時期に集中することに着目したものである。

しかも集中する時期は畿内の大王墓が巨大化する段階に相当することから、畿内王権の強力な時期には各地首長墓は規制を受けて縮小するが、王権が弱体化した時には規制が緩んで首長墓が大型化する、というものである。つまり、古墳（地方首長墓）の規模は畿内王権と地方政権との相関関係にもとづくものであると考えたのである。この論は天皇陵の比定問題を何ら検討することなくそのまま事実として受け入れていることや、今日からみると編年にも間違いがあり、現在では問題が多い論考といわざるを得ない。しかし、大王墓を含む畿内大型古墳と地方有力古墳との間には、その盛衰をめぐって有機的な関係が認められるという視点を提示した画期的論考である。ただし、その後は既述のように古墳群の構成分析に学界の主眼が移ったため、小野山の研究を継承する動きはみられなかったが、一九八八年になって都出比呂志による論考が発表された（都出比呂志　一九八八年）。

都出の研究は京都府桂川右岸地域をモデルケースとして、地域内の首長墓を小グループに分けたうえでグループ内の盛衰を跡付けたものである。その結果、地域内最大の盟主墳

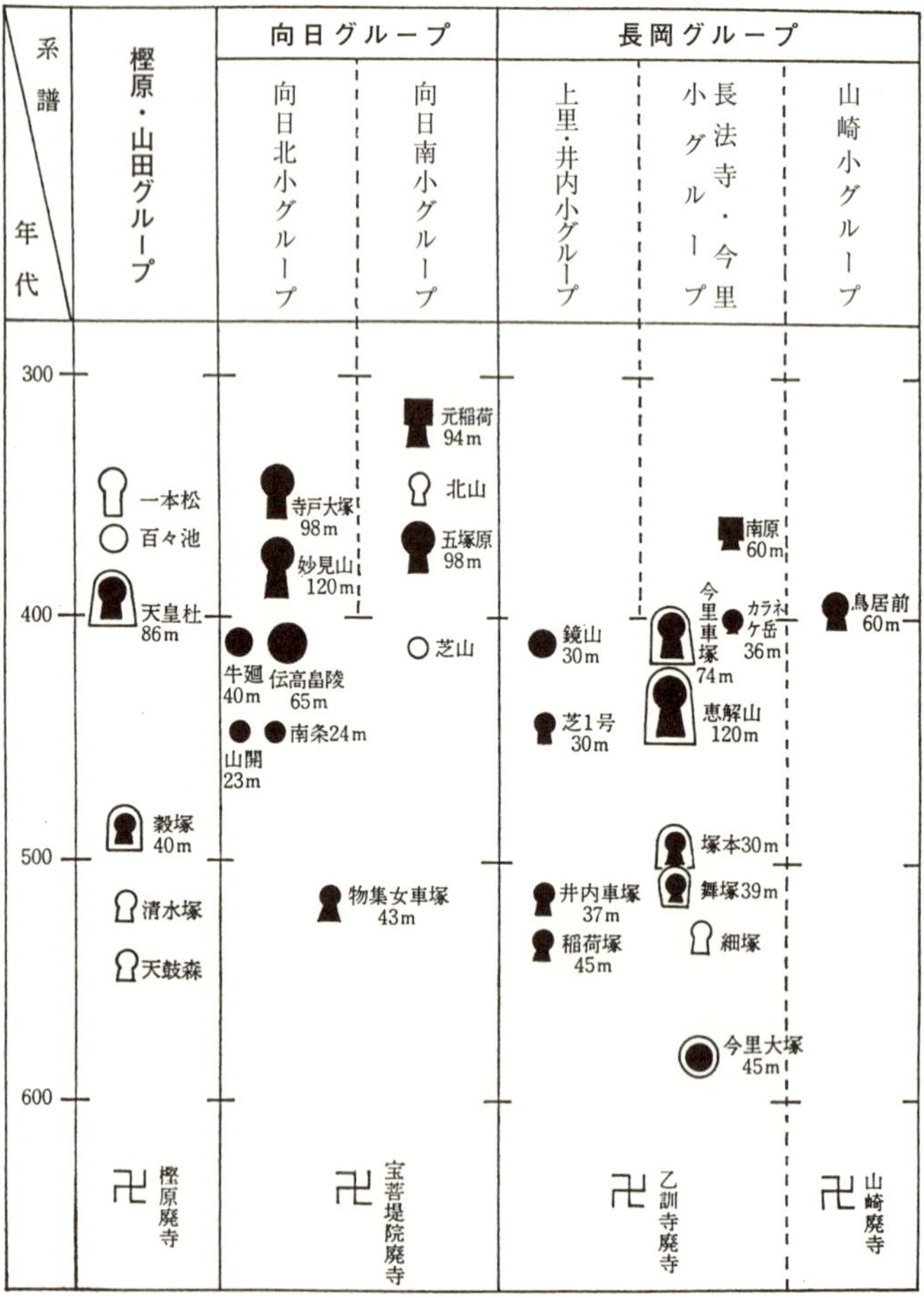
系譜
年代
樫原・山田グループ
向日グループ
向日北小グループ
向日南小グループ
長岡グループ
上里・井内小グループ
長法寺・今里小グループ
山崎小グループ
300
400
500
600
一本松
百々池
天皇杜 86m
穀塚 40m
清水塚
天皷森
寺戸大塚 98m
妙見山 120m
牛廻 40m
伝高畠陵 65m
南条24m
山開 23m
物集女車塚 43m
元稲荷 94m
北山
五塚原 98m
芝山
鏡山 30m
芝1号 30m
井内車塚 37m
稲荷塚 45m
南原 60m
今里車塚 74m
カラネケ岳 36m
恵解山 120m
塚本30m
舞塚39m
細塚
今里大塚 45m
鳥居前 60m
樫原廃寺
宝菩提院廃寺
乙訓寺廃寺
山崎廃寺

27　桂川右岸首長墓の盛衰

は小グループ間を移動するが、大王墓を中心とした畿内大型古墳群を含む汎列島的に同様の現象がみられること、盟主墳築造地の移動は五世紀前葉、五世紀後葉、六世紀前葉の三時期に集中する傾向が認められるという。したがってこうした現象は一地域内固有のものではなく、小野山の説をも踏まえたうえで大王権力周辺の政治的変動と密接に連動するものであると主張した。要するに、首長権の継承は各地独自の論理によるものではなく、畿内大王を中心とした政権の動向と連動するものとみたのである。こうして、古墳時代研究に大きな足跡を残した「前方後円墳体制論」が提示される基盤が整ったのである。

「前方後円墳体制論」の提唱

一九九一年、都出比呂志は「日本古代の国家形成論序説—前方後円墳体制の提唱—」(『日本史研究』第三四三号) という意欲的論考を発表した。この論文は古墳時代を律令体制成立までの移行過程ととらえ、社会人類学等の成果を参照しながら同時代を初期国家の段階であるとみなした。そしてこの時代の政治体制を最もよく示す記念物が前方後円墳であるという認識に立って、この時代の名称を「前方後円墳体制」と名付けたのである。そして、古墳時代の政治的位置や首長間の関係は、前方後円墳を頂点とするあらゆる墓制に表出されているとみた。また、墓制の相違とともに規模の差 (この点は相似形古墳などの研究が前提となろう) にも注目して、

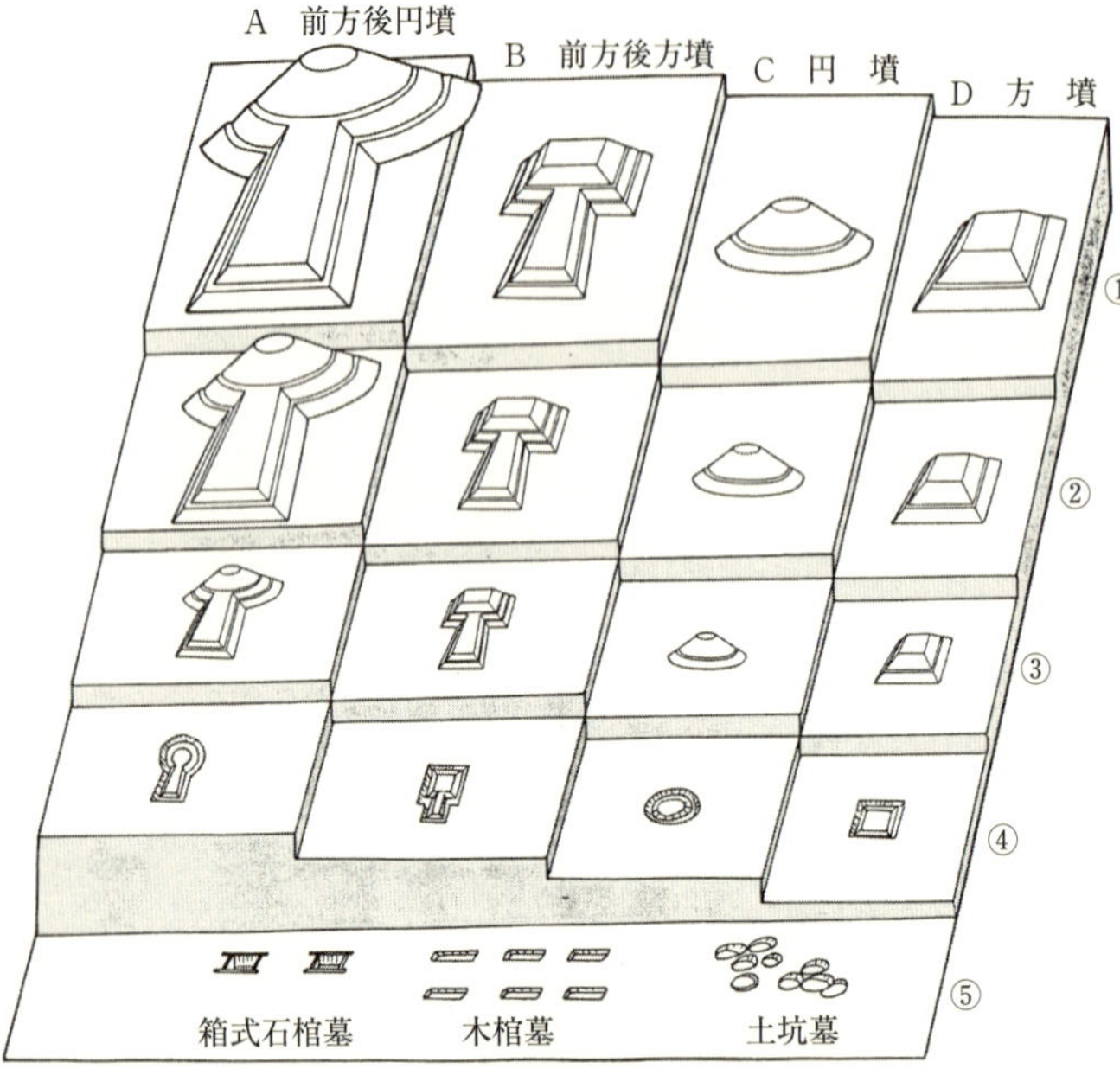

28　前方後円墳体制の象徴的図

前者を身分表示、後者は実際の力関係の表現とみたのである。都出が古墳時代を国家段階に到達していたとみなす根拠（指標）は、主として次の五項目である。

①階級関係の形成
②租税と徭役
③中央首長と地方首長との関係
④権力機構と政治権力
⑤物資流通機構と政治権力

都出は上の五項目が揃っている古墳時代を国家段階と認定したのであるが、すべての指標が古墳時代成立当初から揃っていたのではない。たとえば、租税の存在を示すものとみた大阪市法円坂《ほうえんざか》遺跡や和歌山市鳴滝《なるたき》遺跡の大倉庫群の場合、前者は五世紀後半、後者は五世紀中葉に比定されている。また中央首長と地方首長の関係については、既述のように都出自身による古墳の盛衰を通した研究があるが、必ずしも汎列島的規模で確認されたわけではなく、地方差がある。さらに、「前方後円墳体制論」の当初の記述からは、古墳時代における変革がさほど窺えないこともあって私を含む多くの研究者からの批判を受けた。これに対して都出は、その後も陸続として論考を発表し、批判にこたえた（これらの諸論考は、次の書籍にまとめて掲載されている。都出比呂志　二〇〇五年）。

諸論考を要約すれば、つぎのような主張が展開されている。「前方後円墳体制」は上から一方的に任命する関係ではなく、実力のある首長同士が互いに身分を相互承認しあう関係にもとづいていること。古墳時代中にも変革はたしかにあるが、少なくとも四世紀末までは相互承認システムが存続したと思われる。しかし五世紀後半、つまり雄略《ゆうりやく》大王時代を契機に中央優位の方向が打ち出される。この動きは雄略死後いったん頓挫するが、六世紀中葉以後は中央集権体制に向かって順調に展開する。

この都出の新しい見解は、ここまで述べてきた私の見解に照らしても実態の不明な相互承認システムを除けばほとんど違和感がない。そもそも古墳時代を律令体制成立までの移行過程ととらえる以上、変革が絶えず生じていると認めることはむしろ当然であろう。そうであればなぜ古墳時代を「前方後円墳体制」という一つの政治体制にまとめなければならないのか、そのことこそが説明されなければならない。

「前方後円墳体制論」は、小林行雄以来古墳時代の全体的把握に有効な時代観＝パラダイムを提示できないでいた考古学者に、一定の有効な視点を提示した論考として高く評価できる。そして後続する研究者にも大きな影響を与えており、その延長上にある論も提示されている。しかし、未解決の前提も多く、今後も批判的に受け継いで古墳時代観の進化を図る必要があろう。

五世紀後半の画期と渡来人

五世紀後半の変革

古墳時代の画期

すでにふれたように、四世紀末と五世紀後半には古墳時代の大きな変革、画期が存在する。前者では副葬品が鏡や石製品など呪術的内容を中心としたものから武器・武具・馬具の戦闘用品に変化する。また、とくに五世紀中葉以降になると金製や金銅製などの装身具が顕著になる。これとともに、花崗岩《かこうがん》など硬質石材や攻玉技術の革新、鉄工技術の発達などが早くから小林行雄によって指摘されていた（小林行雄　一九六五年）。古墳時代当初、倭は中国の魏《ぎ》や晋《しん》に使いを出して先進文物の入手に努めたが、朝鮮半島北部を高句麗が占領し百済や新羅が建国するなど国際情勢の変化によって倭は鉄をはじめとする先進文物の入手をもっぱら朝鮮半島南部の加耶《かや》に頼るようになる。ところが、四世紀後半以降北方の強国・高句麗が南進政策によって新羅や加耶に進出した。これに脅威を感じた倭は出兵して高句麗と対戦したが、敗退する。この史実が倭に新来技術の導入と何よりも戦闘集団の革新を急がせた。すなわち短弓と長頸鏃《ちょうけいぞく》の導入、甲冑《かっちゅう》製作技術の向上と製品の規格化、そして乗馬風習（必ずしも戦闘用騎馬に限らない。戦闘に必要な物資をも運ぶ駄馬も含む）の導入などである。大王墓も、このころ柳本《やなぎもと》古墳群を離れて佐紀盾列《さきたてなみ》古墳群西群に移動するのである。

このような変革を重視して、これまで前期と中期の境界を設定してきたのである。もちろん、こうした変革の原動力をすべて高句麗との戦闘に求めうるものではない。しかし、強力な影響を与えたことに相違はないであろう。

つぎに五世紀後半の変革がある。三時期区分法における中期と後期、および二時期区分法の前期と後期の境界は、ここに設定されている。『記紀』の記載を参照すれば、この画期は雄略大王の諸施策と密接に関連するものであることがわかる。雄略は大和政権の優位性を確立するために、最大のライバルであった吉備《きび》の力をそぐことに全力を傾けた。その結果、吉備最大の首長墓は、五世紀初頭の造山《つくりやま》古墳（三六〇㍍）から前半の作山《つくりやま》古墳（二八六㍍）、後半の両宮山《りょうぐうざん》古墳（二〇六㍍）へと徐々に規模が縮小する。六世紀になると後半

29　造山古墳

のこうもり塚古墳（一〇〇㍍）まで顕著な古墳の造営はない。その際、畿内にあって必ずしも大王に服していたとはいえない葛城《かつらぎ》氏（吉備の豪族と密接な関係にあった）をも滅ぼしている。小野山節による古墳築造規制の一つのピークは、まさに雄略《ゆうりやく》期に求められているのである。

ところで雄略はなぜ変革を急がなければならなかったのであろうか。当時、倭と友好関係にあった百済は現在のソウル市江南地区に都（漢城）を置いていた。しかし、四七五年、南下した高句麗によって追われ、蓋鹵王《がいろおう》は殺害される。同年百済は南方の熊津（公州）

に遷都して再建国するが、この事件が倭の支配層に与えた衝撃はきわめて大きいものであったに違いない。もちろんこの時期に高句麗を率いた長寿王は文字どおり五世紀前半から長く王位にあり、常に南方を窺っていた。したがってこうした緊張は、四七五年に至って突如出来したのではない。一つの衝撃的かつ象徴的な事件であり、実際はこの前から変革を余儀なくされていたものと思われる。こうした事情のもとに、雄略大王は強国への道をひたすら進むのである。もちろん、この変革の背景には、五世紀中葉にはじまる鉄器生産技術の革新およびそれを最大限に享受した大和政権が、他地方の勢力に比して著しく政治・経済的実力を有するに至ったという背景を忘れてはならない。

鉄器の変革

五世紀中葉にはじまる鉄器技術の革新は、農具と甲冑などの武器・武具に顕著である。農具では、かつて都出比呂志によって指摘されたU字クワ・スキの出現があげられる。これによって、これまで地形的に制限されてきた耕地開発が、飛躍的に進んだ。河内における巨大古墳築造の背景に、古墳築造を契機とした耕地開発があげられることも多い。この背景として、古墳築造の際にさまざまな物資を運搬するため運河を掘削《くっさく》したり道を開いたりすることが想定されるのである。もちろん、古墳築造が完成した後も、開墾《かいこん》用を含む農業用水や物資輸送の動脈としての利用価値はきわめて高かっ

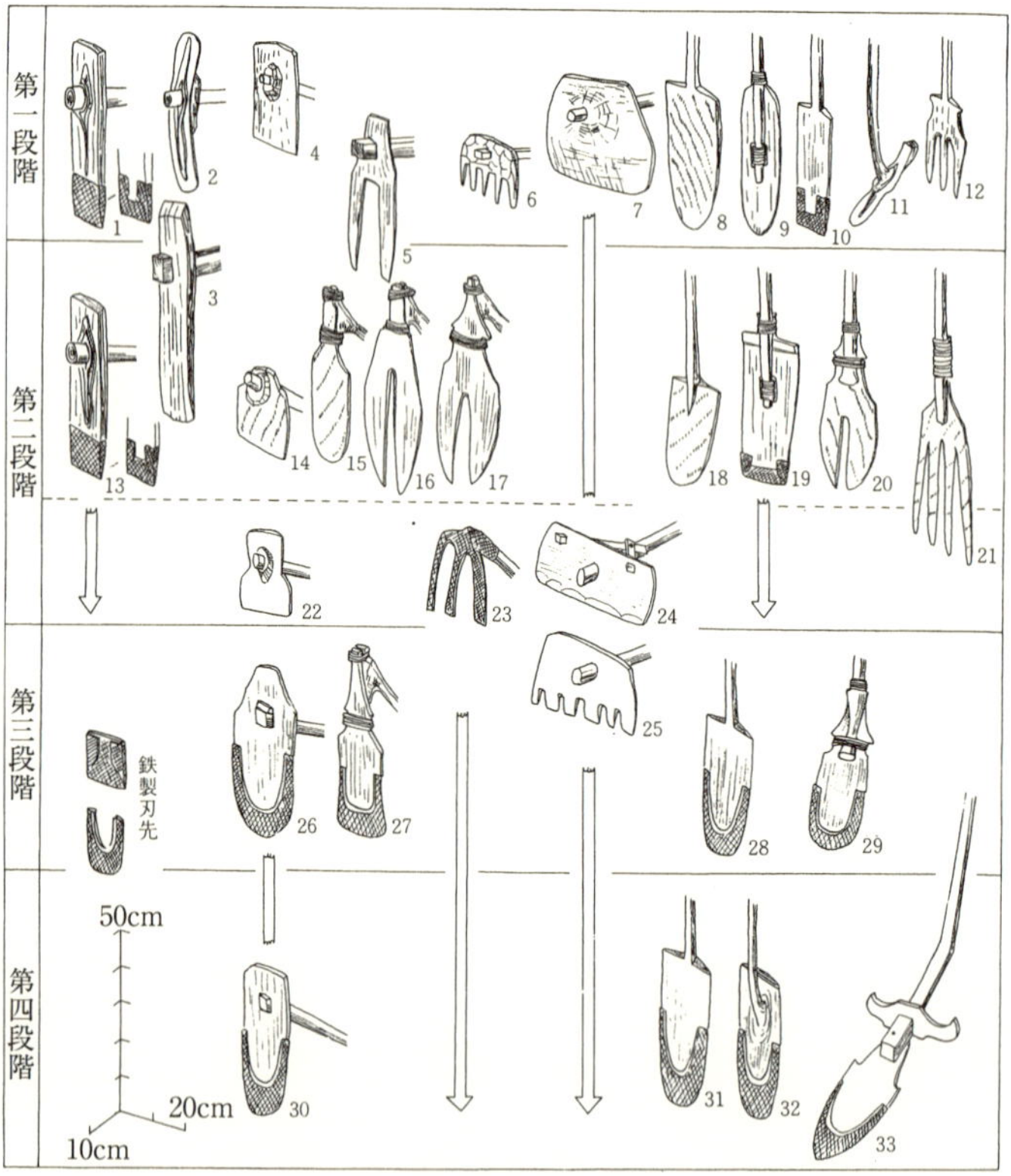

30　耕具発達諸段階図

（1・10福岡県下稗田，2・7・11奈良県唐古，3・5大分県土生，4大阪府安満，6・9滋賀県大中ノ湖，8・20大阪府池上，12福岡県板付，13長崎県原ノ辻，14兵庫県権現，15・18・24・25奈良県佐紀，16静岡県宮塚，17大分県丹生川，19岡山県上東，21静岡県山木，22奈良県纒向，23大阪府紫金山，26福岡県四箇，27静岡県伊場，28滋賀県服部，29滋賀県針江中，31奈良県平城宮，33奈良県正倉院，30・32絵巻物．耕具の個々の図は，町田章「木工技術の展開」〈佐原真・金関恕編『古代史発掘』4，講談社，1975年〉の図を基礎として作図し，合成したものが多い）

たであろう。巨大古墳の築造には、このように開墾の契機としての意義も考えられるのである。

ただし、いわゆる古市大溝については、古墳時代よりは相当に降下した後の時代にかかるものであるとの有力な説がある。しかし、古墳築造や開墾に農工具の進化が果たした役割は想像以上に大きかったであろう。この場合、U字クワ・スキは、もちろん単なる耕作用ではなく、荒地の開発や用水路掘削などの土木工事にも大いに力を発揮したに違いない。

ところでU字クワ・スキは、これを木の台部に装着するために刃先の内湾部に溝を作る必要があるが、この技術は高度なものであり非常な熟練を要する。しかもこの技術は馬具や甲冑の覆輪《ふくりん》（端部を丸く折り曲げて、着装者が傷つかないようにしたもの）製作技術にも通じる。したがって、これら異なる道具の生産にかかわる工人たちの相互交流を考える必要があろう。この点は、早くから北野耕平によって古墳時代中期における鉄製甲冑の新技術出現を高く評価する論が提出されており注目される（北野耕平　一九六三年）。北野は甲冑の地板に三角板が現れ、従来の革綴じに代わって鉄製鋲留め技法が出現することに注目した。この技術は朝鮮半島からの渡来人によってもたらされたこと、その結果大量生産が可能になり、多量副葬が出現することを説いた。このような事象の背景として朝鮮半島における軍事行動や渡来工人を中心とした国内生産機構の確立を指摘した。その後の甲冑研究は進展著しいものがあるが、五世紀中葉ごろに画期を求める点は現在に至るまで基本的に変化していない。

耕地拡大の画期

五世紀後半における画期の存在を指摘しながら、その画期を促した鉄器製作技術の革新は五世紀中葉にあるという一見矛盾するかのような説明を行った。しかし、技術革新の結果ただちに生産力が上がるものではないだろう。まず開墾があり、次いでそこでの生産が軌道に乗るまでには相当の期間を要するものと思われる。このように考えるならば、技術革新（五世紀中葉）と文化や政治の画期（五世紀後半）との間に若干の時間差が生じるのはむしろ当然のことであろうと考えられるのである。そこで、五世紀後半における耕地拡大現象を、この面における調査の最も進んだ地方である群馬県を例にとって検証しておこう。

「始祖墓としての古墳」で検討した保渡田《ほどた》古墳群の近辺では、併行する時期の豪族居館（三ッ寺Ⅰ遺跡、五世紀後半〜六世紀初頭）および御布呂《おふろ》・芦田貝戸《あしだかいど》遺跡など水田跡（生産遺跡）が発見・調査されている。このため、これら遺跡群の総合研究は古墳時代首長の支配構造や社会的位相の実態を考究する糸口となっている。また保渡田地域にかぎらず、周辺

31　5世紀後半保渡田地域全体図

地域の見直しをも促し、多くのすぐれた研究を生んでいる。なかでも能登健と坂口一の研究（能登健　一九九〇年。坂口一　一九九〇年）はとくに注目される。

能登は五世紀後半における水田拡大を目的とした水路の付け替え工事を復元し、この工事を主導した指導者として保渡田八幡塚《はちまんづか》古墳の被葬者を想定している（すでに検討したように保渡田地域における初代首長は井出二子山古墳の被葬者であるが、能登は八幡塚古墳の被葬者を再開発指導者として位置付けている）。能登の指摘した水路付け替え工事は証明が難しくむしろ井出二子山古墳の被葬者を重くみるべきであろうが、つぎに述べるように溜井《ためい》の存在など、当該期における耕地の拡大現象は疑いないものである。

一方、坂口は水田拡大現象と相まって、当該期には既存集落の肥大化が認められ、新しく営まれた集落も多いことを指摘した。これは西毛・東毛ともに認められるが、両地域より標高の高い赤城山南麓部においても溜井灌漑《かんがい》の集中的導入による水田の開発が推定されている（能登健ほか　一九八三年）。これによって五世紀後半には上毛野《かみつけの》の広範囲において集落の拡大・新設がみられたものと思われるのである。これら上毛野における耕地拡大についは、若狭徹の総括的研究がある（若狭徹　二〇〇七年）。

ところで、上毛野では五世紀後半以降、律令時代における郡の領域に近い範囲で世代ごとに各々一基の首長墓が築造される。これら首長墓は地域によって相違も認められるが、おおむね五〇、六〇《メートル》から一〇〇《メートル》程度の規模である。一方、前半期の首長墓は上毛野という広い範囲に各時期一基ないし二基の大型古墳（一四〇〜二一〇《メートル》）が築造されている。このことは上毛野連合が崩壊して勢力を弱めたとみるのではなく、生産力向上の結果、各地域の自立性が強化された結果であるとみるべきであろう。事実、西毛では五世紀後半から六世紀初頭にかけて各首長墓では舟形石棺を共有する連合が認められているのである（徳江秀夫　一九九二年）。

このように五世紀後半における首長墓をめぐる様相に変化を生じさせた背後には、五世紀中葉に生じた鉄器生産の変革とそれにもとづく生産力の飛躍的向上、そしてそのことがやがてもたらした社会構造や首長を中心とした政治構造の質的変革をみることができるのである。この画期以降、首長系譜の固定化がはじまり、畿内の中央化と地方の服属が推進されることはすでにみたところである。

地方の成立

上にみたような「畿内の中央化と地方の服属」現象は、副葬品、とくに威信財の分析からも裏付けられる。先に四世紀末には古墳時代における第一の画期があり、副葬品は呪術的性格を帯びたものから、武器・武具・馬具の戦闘用品に変化し、また五世紀中葉以降になると、金製や金銅製（以下金銅製品）装身具が顕著になると述べた。耳飾（垂飾付）をはじめ、帯金具、冠（帽）、飾履などである。これらの金銅製品は、基本的に朝鮮半島から入手した舶来品であるが、最も出土例が多く型式も多様な耳飾は、彼我の交流を探る絶好の研究素材として多くの成果が蓄積されている。なかでも高田貫太の論文は、単に耳飾の分類にとどまらず、型式変化と分布の変遷が示す歴史的意義を解明した優れた研究である（高田貫太　一九九八年 a）。それによれば、おおむね五世紀代に列島各地から出土する耳飾は型式差も多く系譜も多様であったものが、五世紀末以降になると全体的に特定の型式に収斂されていく。高田はこうした現象の背景として、以下のような解釈をした。当初金銅製品の朝鮮半島からの入手については畿内が最も多くの製品を受容していたものの、他地方においても各々の主体的活動による入手が認められた段階（～五世紀後半）から、大和政権による交流の制限と同政権による一元的な入手と配布の段階（五世紀末以降）へと変化したものとみた。なかには朝鮮半島の製品を模倣した独自の製品を作り、これを他地方に配布したと思われるものも多い。またこれと類似した変化は、鉄製鉾でも認められている（高田貫太　一九九八年b）。このような五世紀後半以降にみる変化は、上述の「畿内の中央化と地方の服属」に対応するものと考えて相違ないであろう。

そうであれば、なぜ当該期に畿内勢力が著しく伸長したのであろうか。すでに述べたように当時の国際情勢は改革を強力に後押しし、列島諸勢力のリーダーを必要としていた。しかしそれを畿内がなしえた背景には、そうした「力」の裏付けが必要であろう。すでに指摘したように、古墳成立当初から大和川流域の他に比して広大な地域連合（大和政権）が成立していたという経緯があり、かつ鉄器技術の革新とそれを最大限に享受した大和政権という見解を披瀝した。もちろんその背景にはこれら新来技術の担い手である渡来人の存在をあげなければならない。そこで渡来人をめぐる諸相を概観しておこう。

畿内の渡来人

渡来人をめぐる諸問題は複雑多岐にわたるため、以下では概観にとどめる。さて近年、大阪、奈良において渡来人と密接にかかわる遺跡の調査がなされ、陸続とその調査成果が公表されるようになった。とくに大阪府の蔀屋《しとみや》北遺跡、奈良県の名柄《ながら》・南郷《なんごう》遺跡群は大部な報告書も刊行されており、今後詳細な検討が望まれる。このうち名柄・南郷遺跡群は葛城氏の本拠地であること、遺跡の盛衰が『記紀』にみられる葛城氏の興亡と時期的に重なることから、葛城氏関連の遺跡群であることに相違ないであろう。これに関連して、古墳時代中期における中国地方鍛冶《かじ》工房遺跡の中核的存在である岡山県窪木薬師《くぼきやくし》遺跡も名柄・南郷遺跡群と同様の展開を示していることが注目される。これは既述した吉備氏の衰退と関連するが、『記紀』によると吉備氏は葛城氏と密接な関係にあり、王権内の内紛に両者ともに絡んで衰退したことが明記されているからである。

一方王権直属の渡来人集団については、現橿原《かしはら》市域に所在する曾我《そが》遺跡、東坊城《ひがしぼうじょう》遺跡、新堂《しんどう》遺跡等多くの集落が確認されている。しかもこれらの集落では、鉄器生産にかかわる遺物も確認されているのである。なお曾我遺跡は蘇我氏との密接な関係が考えられているが、元来独立勢力であった葛城氏（門脇禎二　一九八四年）とは異なり、蘇我氏は王権との関係において勢力をえた氏族であり、本来的には王権と敵対する性格を持たなかった。葛城氏を滅亡させ、膝元の脅威が無くなった六世紀前半以降になると、大阪府柏原市大県《おおがた》遺跡、奈良県天理市布留遺跡など特定遺跡を残して多くの鍛冶遺跡は消滅する。これは王権による鉄器生産工房の再編（集約化）であろう（花田勝広　一九八九年）。

このように、鉄を制するものが政権を制しその地位をゆるぎなきものにした。畿内以外で五世紀代の大規模な鉄器生産遺跡は上述の窪木薬師遺跡をあげるのみであり、それも五世紀後半以降急速に衰退した。こうして鉄器生産を半ば独占的に手中にした大和政権は、以後急速に求心力を高め明確に中央化したのである。

以上のようにみるならば、新来技術独占の意味からも渡来人は畿内に集住させられ他地方には居住しなかったと考えるべきであろうか。実は朝鮮半島から畿内よりもさらに遠く隔たった東国においても、五世紀後半以降広範囲においてその姿を認めることができるのである。ただし、これらの渡来人は鉄器生産よりも馬匹《ばひつ》生産に従事する人々が主体であったようだ（もちろん畿内においても、北河内に代表されるように、馬匹生産もさかんに行われていた）。そこで次に五世紀後半における東国の渡来人を概観しておこう。

東国の渡来人

東日本の渡来人

五世紀後半、東日本の広範囲においていっせいに渡来人の足跡が認められるようになる。東三河、西遠江《とおとうみ》、南信濃（以後南信）、北信濃（以後北信）、甲斐、西上毛野（以後西毛）などの各地である。いずれも当該期には馬具の出土が顕著な地方であり、当該期および後世には牧《まき》の存在が知られている。また、これらの各地においては、それまでの伝統になかった馬犠牲土坑の存在が顕著である。こうしたことからみて、彼ら渡来人が馬匹生産を主とした技術者であったことは間違いないであろう。これら渡来人の痕跡は主として墳墓に表出されるが、その位相は各地共通する面とともに異なる側面の両面がある。

最大の共通点は、上記諸地域の大半で渡来人の墓制としての積石塚《つみいしづか》が出現することであり、異なる側面は地元墓制全体の中における渡来人墓制の位置付けである。以下では、まず各地における渡来人の墓制についてその実態を概観し、次いで在地社会における渡来人の位置付けについて考究しよう。

以下渡来人の墓制等を考究するにあたり、まず調査の進んでいる西遠江、北信、西毛の積石塚を概観することから始めよう。

西遠江の積石塚

静岡県浜松市の内野《うちの》古墳群は、小尾根や谷によっていくつかの支群に分かれ、築造時期は五世紀後半から八世紀初頭に至る。以下では五世紀後半から六世紀前半に絞って概観する。ここで問題となる積石塚は東谷と西谷に二分される二本ヶ谷《にほんがや》古墳群（総数三〇基以上）である。両者の中間には幅一〇〇メートル強、比高差東から約二〇メートル、西から五メートル程度の尾根がある。この尾根上にも古墳があるが、これは七〜八世紀の築造である。一方、東谷の東に比高差一〇メートル程度の尾根があり、この上に五〜六世紀の封土墳《ふうどふん》が分布している（辺田平《へたびら》古墳群、約二〇基）。

さて二本ヶ谷古墳群の平面形は、おおむね一辺四〜五メートルから一〇メートル強までの方形ないし長方形を呈する。このほか一辺二メートル前後の小型積石塚（うち一基は円形）も、六基が群中

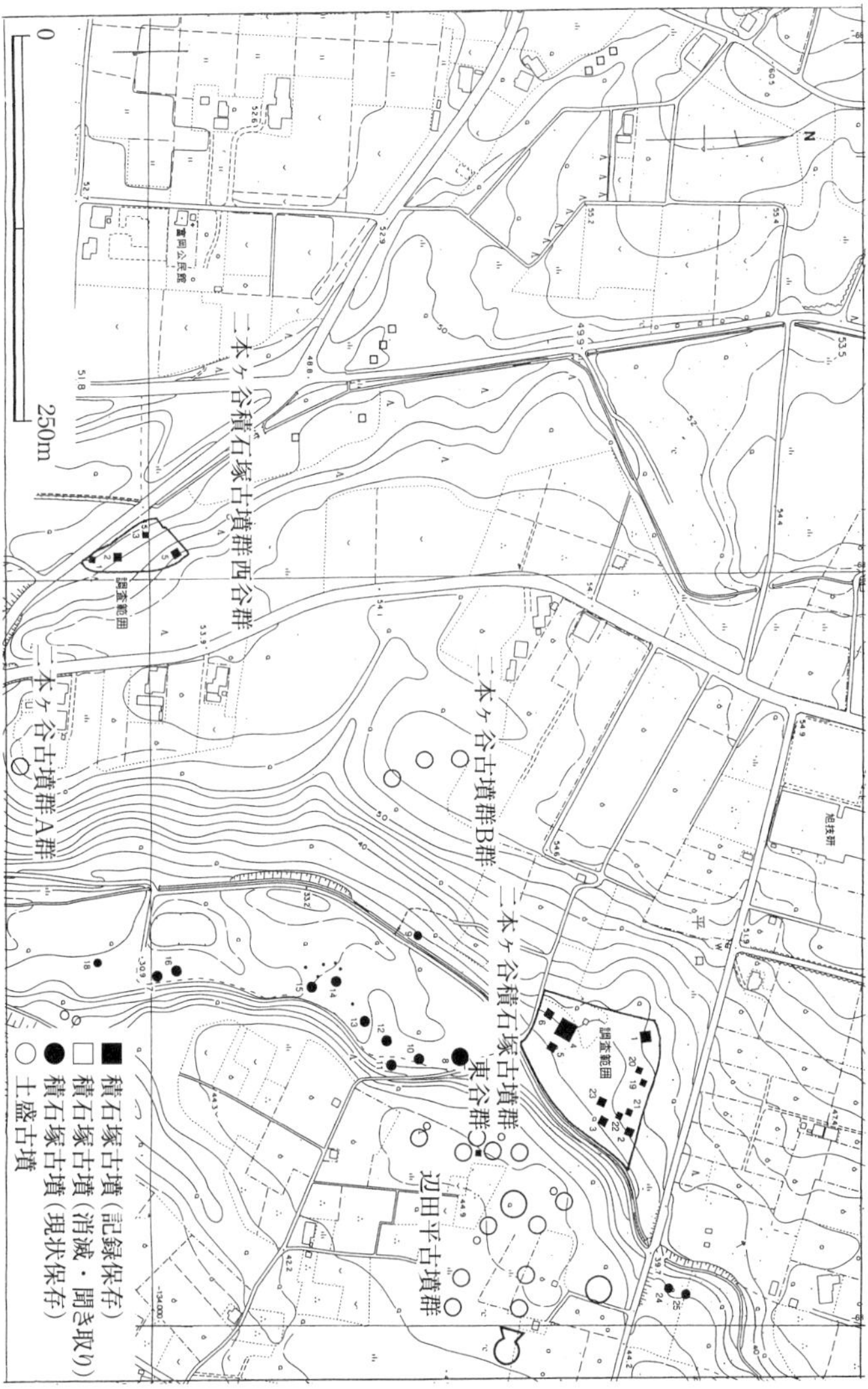
0
250m
二本ヶ谷積石塚古墳群西谷群
二本ヶ谷古墳群A群
二本ヶ谷古墳群B群
二本ヶ谷積石塚古墳群東谷群
辺田平古墳群
調査範囲
富岡公民館
旭技研
■ 積石塚古墳（記録保存）
□ 積石塚古墳（消滅・聞き取り）
● 積石塚古墳（現状保存）
○ 土盛古墳

32　内野古墳群図

の一画に集中している。以上の主体部はいずれも礫床《れきしょう》上の木棺直葬であったようだが、木棺埋置に際し地山を若干掘り込んでいることが特徴である。副葬品は土器類が大半で、他に少量の鉄製品（鏃《やじり》・刀子《とうす》など）が一部の古墳でみられた。築造年代の判明するものは五世紀第4四半期が大半で、一部は第3四半期に遡上する可能性がある。積石塚はもちろん、地山下に埋葬施設を設置する構造は、それまで在地にはまったくみられず突如出現したものである。

これに対して辺田平古墳群は、六世紀初頭の積石塚14号墳（五・九×五・五メートル）を除き、円墳が主体で前方後円墳一基（全長二〇メートル、1号墳）を含む。五世紀第4四半期の1号墳を嚆矢として六世紀中葉ごろまで継続的に築造された。注目されるのは、辺田平古墳群中東側の古墳は相互に一定の距離があり十分な墓域を獲得しているようにみえるのに対し、西南の一画は互いに裾を接するように築造されていることである。前者は前方後円墳や直径一六メートル前後の円墳としては群中最大の2号墳などやや大型の古墳を含むのに対し、後者は最大でも17号墳の直径一〇メートルといずれも小規模である。主体部は、判明しているものには木棺直葬の他に竪穴《たてあな》系の施設（石槨《せっかく》？）がある。特徴的なことは東側の方が地山を掘り込まないものが大半であるのに対し、他は二本ヶ谷古墳群同様地山掘り込みによることである。この一群は六世紀初頭の積石塚14号墳（方墳）を造墓活動の契機としているので、二本ヶ谷古墳群の系統に連なるものであろう。副葬品は両者とも二本ヶ谷古墳群同様土器類が大半で顕著なものはないが、1号墳には埴輪が樹立されていた。

内野古墳群は、以下の諸点が注目される。①尾根上の辺田平古墳群も谷に立地する二本ヶ谷古墳群も五世紀後半に造墓活動を開始すること。②辺田平古墳群の墳形は円形を基本とするのに対し、二本ヶ谷古墳群は方形を基本とすること。③二本ヶ谷古墳群は主体部が地山下に営まれているのに対し、辺田平古墳群のうち、当初から築造された東側では地山を掘り込まないで墳丘に設置した。これに対し、六世紀になって築造を開始した西南の古墳は二本ヶ谷古墳群同様、地山下に埋設している。

以上のように両者は対照的様相を示している。辺田平古墳群西南部の古墳は積石塚（14号墳）を築造の契機としたものであり主体部の構造ともあわせみるならば、二本ヶ谷古墳群被葬者後裔の墳墓であると考えられる。そして彼らの出自は渡来人であると断定して問題ないであろう。

北信の積石塚

長野市の大室《おおむろ》古墳群は、日本屈指の積石塚集中地として知られている。総数五〇〇基のうち、積石塚は四〇〇基前後を占めるとみられるが、す

33　大室古墳群

べてが円墳で構成されている。実は前方後円墳が一基あるが、詳細は不明ながら古墳群の造墓活動期よりも相当遡上する時期のものと思われ、大室古墳群とは直接の関係にない。積石塚と封土墳の関係についても、調査された古墳が少なく明確にはいえないが、おおむね六世紀中葉を境に封土墳へと移行するようである。また基本的に積石塚と封土墳との間に墳形や規模などの差異はなく、ほとんどが直径一五㍍《メートル》前後を測る。

大室古墳群の形成は五世紀後半にはじまるものと考えられているが、北信には他にも積石塚が存在している。なかでも須坂市八丁鎧塚《よろいづか》1号墳は、出土遺物から四世紀末の年代が与えられており、東国のなかで最も遡上することが注目される。

　大室古墳群の場合は、積石塚の他に合掌形《がっしょうがた》石室も存在しており、早くから注目されてきた。合掌形石室については斎藤忠によって百済の石室に源流を求める説が提示されている（斎藤忠　一九四四年）が、積石塚についても栗岩英治による高句麗からの渡来人墳墓説（栗岩英治　一九三八年）以来、渡来人墳墓説が多く提示されてきた。

　ところで、積石塚と合掌形石室の両者については、以下のことが注目される。すなわち大室古墳群中の各支群では、造墓活動の初期にあたる五世紀後半のものは、積石塚で主体部が合掌形石室という組み合わせにはじまることである。こうした組み合わせは朝鮮半島にはない。したがってその系譜をめぐってはさまざまな論が提示されており、学界において見解の一致をみていない。

　大室古墳群は、五世紀後半以後造墓活動が長く継続しており、少なくとも六世紀後半までは確実に造墓活動がつづいている。群中の初期古墳から伝統的要素と新来の要素が混在しており（大室谷支群・ムジナゴーロ単位支群第168号墳）、被葬者は在地の人と渡来人の両者が混在しているように思われる。

34　剣崎長瀞西古墳群図

西毛の積石塚

剣崎長瀞西《けんざきながとろにし》古墳群は、群馬県高崎市に所在する。本遺跡は弥生時代後期の住居から七世紀の古墳に至る複合遺跡であるが、東西にのびた丘陵上に位置している。遺跡の中央に南北に走る小谷があり、これによって西側のI区と東側のII区に分けられる。以下では、このうちI区の古墳（五世紀後半）のあり方を中心に検討する。

I区の古墳は、鏡、短甲、鉄製鉾、滑石製模造品等豊富な副葬品が出土した剣崎長瀞西古墳（帆立貝形古墳?、円形部直径三五メートル）をはじめ五世紀後半の古墳十数基が分布しており、一六

35　剣崎長瀞西古墳群

基が発掘調査された（ただし、うち二基は横穴式石室を内蔵する後期古墳である）。墳形には円と方（積石塚を含む）の二種あるが、前者の方が後者に比して墳丘規模が勝っている。両者にはさまざまな面で異なる要素とともに共通する要素もみられる。以下、両者を対比しながら記述を進めよう。

まず墳丘築造法は、基本的に両者共通である。はじめに古墳予定地の周囲を浅く削り出して基段を作る。基段は削り出しを基本としており、土を積むことは基本的にない。つぎに比較的規模の大きい古墳の場合、テラス状の平坦面をおき、その上の墳丘中央に二段目を構築してそのなかに埋葬施設を構築した。小型古墳は一段構造であるが、残存状態が良好であった6号墳（円墳）の場合では墳丘中央に石敷きを行ったうえでその内側に竪穴式小石槨が設置されていた。二段築造の古墳はほとんど上段を失っていたが、残存部に主体部の痕跡がなく、主体部は二段目の上部かそのなかにおかれたものと思われ、おおむね6号墳に類似した構造であったものと思われる。また円墳と方墳ともに葺石《ふきいし》があり（方墳は基段側面、上段は積石による）、築造当初の外観は墳形の相違を別にすればよく似た状況であったと思われる。

つぎに円墳と方墳で異なる要素をあげておこう。第一にはもちろん墳形の相違があげられる。古墳の分布をみると、円墳と方墳が裾を接するような位置に築かれている箇所もあり、その間に溝などの明瞭な境界はない。しかし円墳が西から南にかけて占地するのに対し、方墳および積石塚は東側の狭い範囲に築造されており、両者の築造地は区別されていたとみてよいであろう。両者の規模の相違を念頭においても、比較的余裕のある円墳築造箇所と密集度の高い方墳側とに区別されるのである。つぎに埴輪がある。埴輪の樹立は円墳に限られており、方墳からの出土はない。また円墳が封土墳であるのに対し、方墳は積石によるという相違をあげなければならない。先に両者の築造法が共通すると述べたが、削り出し基段の上に乗る二段目は上述のとおり異なっている。本遺跡で積石塚と称されるものは、方墳の削り出し基段を欠くものである。したがって、方墳も積石塚といってとくに問題ないものである。本古墳群のなかには馬犠牲土坑（犠牲馬に装着されていた馬具は、洛東江流域に分布の中心を持つ舶来品である）があり、方墳から金製垂飾付耳飾や韓式系土器が出土している。また伝統的な埴輪が円墳にのみ認められたことなどから、円墳を在地人、方墳（積石塚）を渡来人の墳墓に措定できるのである。

ところで、小谷によってⅠ区と分けられたⅡ区では、Ⅰ区で古墳が築造されている五世紀後半に竪穴住居が多く営まれていた。つまり、両者は生活域と墓域という区分けがなされているのである。Ⅱ区の竪穴住居では、きわめて高い比率（八〇％以上、三一軒中二六軒）で竈《かまど》付き住居が存在していることが注目される。東国では一般的に竈付き住居が普及するのは六世紀後半のことである。こうしたことからも、当地に渡来人が居住していたことは疑う余地がないだろう。

なお、以上の墳墓群につづく六世紀前半の墳墓は未発見であるが、六世紀末以降の墳墓はすべて円墳で封土墳である。出自による差別は時代の推移とともに解消して、両者は融合したものと思われる。

南信の実情

以上から明らかなように、五世紀後半に東国の広い範囲にわたって出現する積石塚は、いずれも渡来人もしくは彼らと密接な関係にある人々の墳墓であった。実は南信（伊那谷《いなだに》）において積石塚は発見されていない。しかし、以下に述べるように五世紀後半に渡来人が居住したことは間違いないものと思われる。にもかかわらず積石塚がない（確実に渡来人の墳墓と認められる遺構は、積石塚に限らずまったく認められていない）のはなぜであろうか。

実は伊那谷では、五世紀中葉までは古墳がほとんど築造されなかった。ところが当該期以降、前方後円墳を中心として古墳の築造が活発になる。しかし、後期になっても群集墳の築造は振るわず、総数六〇〇基強ある古墳のうち、前方後円墳や帆立貝形古墳（前方部の短い前方後円墳および円墳に造出部が付設されたもの）を含めると、前方後円墳は三〇基にもなる（いわゆる前方後円墳は二四基）。つまり築造総数の四％強が首長墓としての墳形を採用していることになる。一般的に前方後円墳などの古墳総数に占める割合が一％前後であることを踏まえるならば、これは驚くほどの高率であると断言できる。この事実と確実な渡来人の墳墓が未発見であることとの関連については後述することにして、以下ではなぜ五世紀中葉以降の南信に渡来人が居住したと考えるのかについて、その理由を述べたい。

まず切石《きりいし》遺跡群や恒川《ごんが》遺跡群などをはじめとする集落遺跡があげられる。伊那谷では五世紀中葉以降竪穴住居の件数が増加しており、上記したように古墳の築造が当該期以降に急増することと連動する事実であろう。問題は竪穴住居のなかに占める竈付き住居の存在とその比率の高さである。西毛の項で述べたように、五世紀後半に竈付き住居を営む地域はきわめて限定されており、大いに注目される。また須恵器も出土しているが、これも当該期においてはいまだ十分な普及をみなかったものである。つぎに、葬送墓制としては馬犠牲坑の存在があげられる。この習俗は、少数とはいえ五世紀中葉以降各地でみられるようになるが、とくに伊那谷では類例が多い。さきに概観した北信や西毛と比較しても、その多さは異例ともいえるほどである。さらに基石を立てた上に小石材を横位に数段積んで構成する特異な横穴式石室の存在（高岡《たかおか》古墳、北本庄《きたほんじょう》古墳など。これらの石室は、慶尚北道《けいしょうほくどう》の洛東江中流域、飛山洞《ピサンドン》・内唐洞《ネトンドン》〈大邱《テグ》〉・星山洞《ソンサンドン》〈星州《ソンジュ》〉等の古墳群における竪穴式石槨との類似が注目される。さらに帽岩洞《モアムドン》１号墳〈金泉《キムチョン》〉は、同様の構造を有する横口式石室である）に

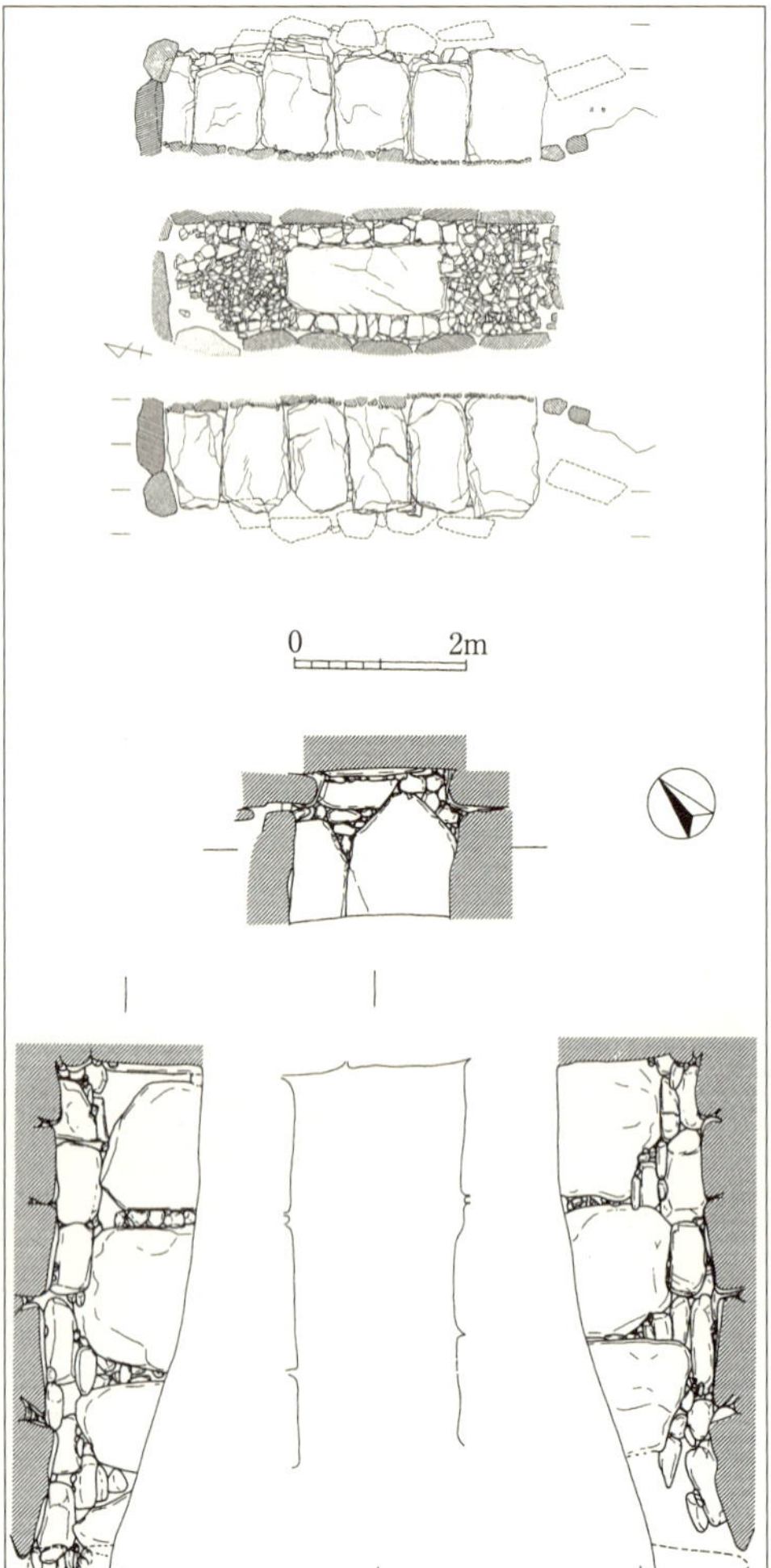

36　高岡古墳（下）と帽岩洞１号墳の石室図

も留意しなければならない。このように五世紀中葉の伊那谷では渡来人自身の墳墓こそ確認できないものの、彼らの存在自体は明らかである。それではなぜ彼らの墳墓が発見できないのだろうか。

以上のように、五世紀後半には東国各地に渡来人が住み着き、在地に新来文化をもたらした。しかし、墳墓からみた場合、彼らの在地社会における地位には相当の懸隔が認められる。そこで、このような地方差は一体何に起因するものなのか。在地社会の分析などを中心に検討することにしたい。

渡来人の地位と末裔

西遠江・西毛の渡来人

墳墓の様相から概観した各地における渡来人の位相については、①西遠江と西毛、②北信、③南信という三つに大きく分類できる。①の場合、渡来人の墳墓は方墳の積石塚であって、在来の人々の墓制（円墳・封土墳）とは大きく様相が異なる。②は積石塚ではあるが、円墳であり、同じく円墳の積石塚に葬られたと考えられる在来人の墓制との相違は認められなかった。これに対し③は渡来人の墳墓そのものが未発見である。それどころか、実は大型前方後円墳が目立つのみで六世紀に入っても群集墳は未発達で、在来人の墳墓さえ首長墓を除けば少数しか構築されなかった。以下では視野を広げて、墳墓からみた在地の事情を探ることにしたい。

西遠江や西毛の場合、在地における階層分化が相当に進んでいたことに注目したい。西毛では、在地人、渡来人双方の上層階層の古墳として、隣接して築造された剣崎長瀞西古墳がある。このほか、南に一キロ余りの至近距離に全長一〇五メートルを測る大型前方後円墳の平塚古墳が所在する。もちろん、以上にあげた古墳はいずれも同時期である。またこれらの古墳はすべて八幡台地の上にあり、地形上からも他地域の古墳とは一線を画すものである。

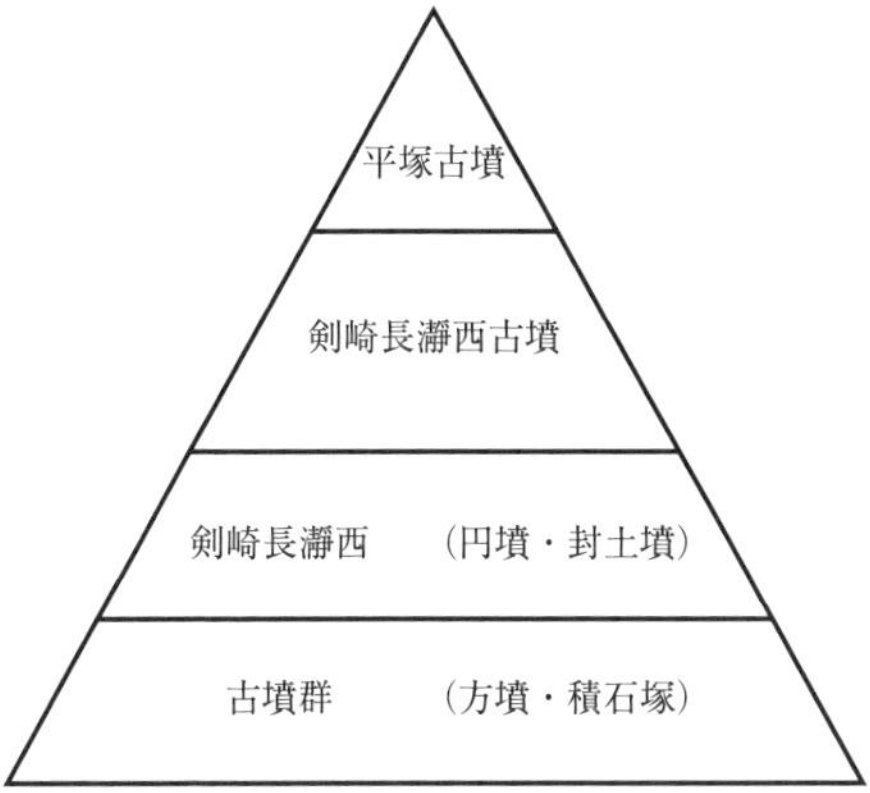

37　平塚を頂点とする身分（ピラミッド構成）

したがって平塚古墳の被葬者を頂点として剣崎長瀞西古墳→同遺跡円墳（封土墳）→同方墳（積石塚）という序列が想定できる。もちろん、剣崎長瀞西古墳の被葬者は平塚古墳被葬者のもとにあって、在地人・渡来人双方を監督・統率する役職に就いていたのであろう。重層的な身分構成が窺えるのである。ただし、六世紀後半になると在地人・渡来人の差は（少なくとも墳墓の上では）解消して、すべてが円墳の封土墳になった。

これに対して西遠江（内野古墳群）の場合、方墳で積石塚の二本ヶ谷古墳群と円墳で前方後円墳を含む封土墳の辺田平古墳群に二分される。前者が狭く湿気の多い谷底に位置するのに対して、後者は尾根上に位置している。明らかに前者は後者に対して立地上不利な墓域に押しとどめられている。しかし六世紀になると、立地の昇華とともに、積石塚で方墳の14号墳を介してやがて封土墳（円墳）へと変化するのである。このような渡来人の地位上昇は、剣崎長瀞西遺跡においても同様に認められた。ところで、内野古墳群には大型古墳が所在していない（唯一の前方後円墳である辺田平1号墳は、全長わずか二〇メートルにすぎない）。しかし、南方四キロ弱の地には五世紀後半の千人塚《せんにんづか》古墳（造出付円墳、直径五〇メートル）や六世紀前半の瓢箪塚《ひょうたんづか》古墳（前方後円墳、四〇メートル）など、上位の古墳が継続的に築造されていた（三方原《みかたばら》学園内古墳群）。したがって五世紀後半の時点では、千人塚古墳→辺田平1号墳→辺田平古墳群→二本ヶ谷古墳群という、上毛野とまったく同じ構造が復元できるのである。

以上から、つぎのような在地社会像が浮かび上がるのである。西遠江や西毛は、首長を頂点とする身分分化（ヒエラルキー）が相当に進んでおり、新来の人々（渡来人）はこうした身分構成の下位に位置付けられたのであろう。しかし、彼らが保有した新来の文化・技術等に由来するものであろうか、在地における地位は次第に上昇してやがて在来の人々とも同等の地位を獲得するようになったものと思われるのである。

北信の渡来人

つぎに、北信のような当初から在地人と渡来人との間に差異が認められないケースはどのような歴史的背景が考えられるのであろうか。北信の場合、四世紀中葉ごろ、森将軍塚古墳が築造されており、他に比して比較的早い段階で大型古墳を築造している。その後も引き続いて大型前方後円墳が築造されたが、五世紀中葉の土口将軍塚古墳《どぐちしょうぐんづか》以降顕著な古墳の築造は途絶えた。したがって大室古墳群の地において古墳の構築が開始されたころには、北信の地に大型古墳の築造をみることはなかった。つまり在地人や渡来人の墓制を規制する強権は、さきにみた西遠江や西毛に比して著しく弱かったと考えられるのである。こうしたことから、出自によって身分を規制する作用もさほど働くことがなかったものと考えられる。以上から、当地においては、積石塚という渡来人の故地に由来する墓制を採用し、なおかつ方墳の強制的採用や墓域の限定という規制がみられなかったものと考えてよいであろう。また在来の人も、新来の墓制である積石塚を何らの抵抗なく採用したものと考えられるのである。このようにみるならば、合掌形石室についても、渡来人の故地を探る有力な情報となる可能性があろう。

なお、甲斐における渡来人の社会的位相についても、北信と同様の状況が想定できるように思われる。

南信の渡来人

それでは③の南信はどうであろうか。既述のように、当地において渡来人の墳墓と考えてよい古墳は未発見である。それどころか、前方後円墳など首長墓の系列に属する墳墓は古墳総数の四%にもおよぶのに対し、六世紀になっても顕著な群集墳は不在である。ところが、一方では弥生時代以来の伝統を継ぐ低墳丘墓（周溝墓）が多数築造されているのである。この相反するかのような状況は何に起因するのであろうか。これまでの調査成果からみて、南信においては五世紀中葉ごろ、多数の渡来人が定住して新来の文化をもたらし、これによって急速な発展を遂げた。当該期以降、伊那谷の小地域ごとに大型前方後円墳（全長五〇《メートル》以上）が築造されており、おそらく畿内勢力（ここで畿内勢力と呼称するものの実態は、総体としての大和政権ではなくそれを構成する各有力氏族の各々を指す）との接触によって一部の首長層がその援護のもとに築造したものと思われる。しかし、その後も群集墳が未発達であり、低墳丘墓の伝統が長くつづいたことなど、基本的な社会構造は弥生時代的状況を引き継いでいたものと考えられる。したがって畿内勢力との密接な関係を背景とした首長層は、社会構造が未発達なまま大型古墳を築造したものであろう。いわゆる上層階層が在地における基本的な社会構造から遊離した二重構造になっていたものと思われる。こうして、渡来人はおろか在来の人々をも包みこんだ複雑な社会構造を反映する形での「古墳に表出された序列」は存在しなかったものと思われるのである。したがって、上述した①②の諸例に対して当地の渡来人が著しく差別されて地位が低かったとは断言できないのである。

「渡来人墳墓」の史的背景

以上、五世紀後半に東日本の各地において出現する積石塚の在地における様相とその背景について考究した。その結果、墳墓を通してみた渡来人の社会的位相は各地方によって異なるが、それは各地における事情──社会の発展段階別による在地の政治や社会構造の状況によって渡来人に対する対応が異なった結果であった。つまり、すでに相当の段階に達しており複雑な階層構造が形成されていた西遠江や西毛、有力な在地首長を欠く北信、そして弥生時代的な社会構造が長く残存したまま畿内勢力との密接な関係を梃子《てこ》として特定首長が本来当該地の社会構造にはふさわしくない大型古墳を築造した南信という三者である。古墳は一定の社会段階に達した結果築造されるのであるが、発生はともかく二次的な伝播による古墳成立の要件は地方によって事情が異なっており、必ずしも同じ条件下にあったとはいえないのである。

なお、五世紀後半に東国の広範囲にわたる各地において一斉ともいえるような状況で渡来人が定住したことについては、これを偶然の結果として片付けることは難しい。そこには南信（伊那谷）で想定したように、大和政権（畿内勢力）の介在が考えられるのである。ただし、各地において渡来人に対する対応が異なることからも明らかなように、在地首長の協力なしにこうした渡来人の配置はありえず、そこに当該期の性格（大和政権側からみた場合は限界）をもみることができるのである。

渡来人後裔の空沢古墳群

群馬県渋川市の空沢《からさわ》古墳群は、五世紀後半から六世紀後半にかけて構築された五〇基ほどの古墳群である。いわゆるF.A.*下に構築された五世紀後半のものと、F.P.*上に基盤をおく六世紀後半のものがあり、中間の六世紀前半の古墳は認められていない。本古墳群は積石塚を含み早くから注目されてきた。しかし剣崎長瀞西遺跡ほど渡来系文物が多く出土したわけではない。遺物ではわずかに35号墳（円墳）出土の土師器《はじき》平底鉢がロクロを使用すること、41号墳（円墳）出土の土師器壺の底部にタタキメが認められることから、それぞれ韓式系土器との関係が想定される（両墳ともF.A.下に構築）。このほか37号墳（F.A.下の円墳）出土の須恵器把手鉢《とってばち》が丁寧な作りであること以外、目立った遺物は認められていない。しかし、F.A.下に構築された古墳

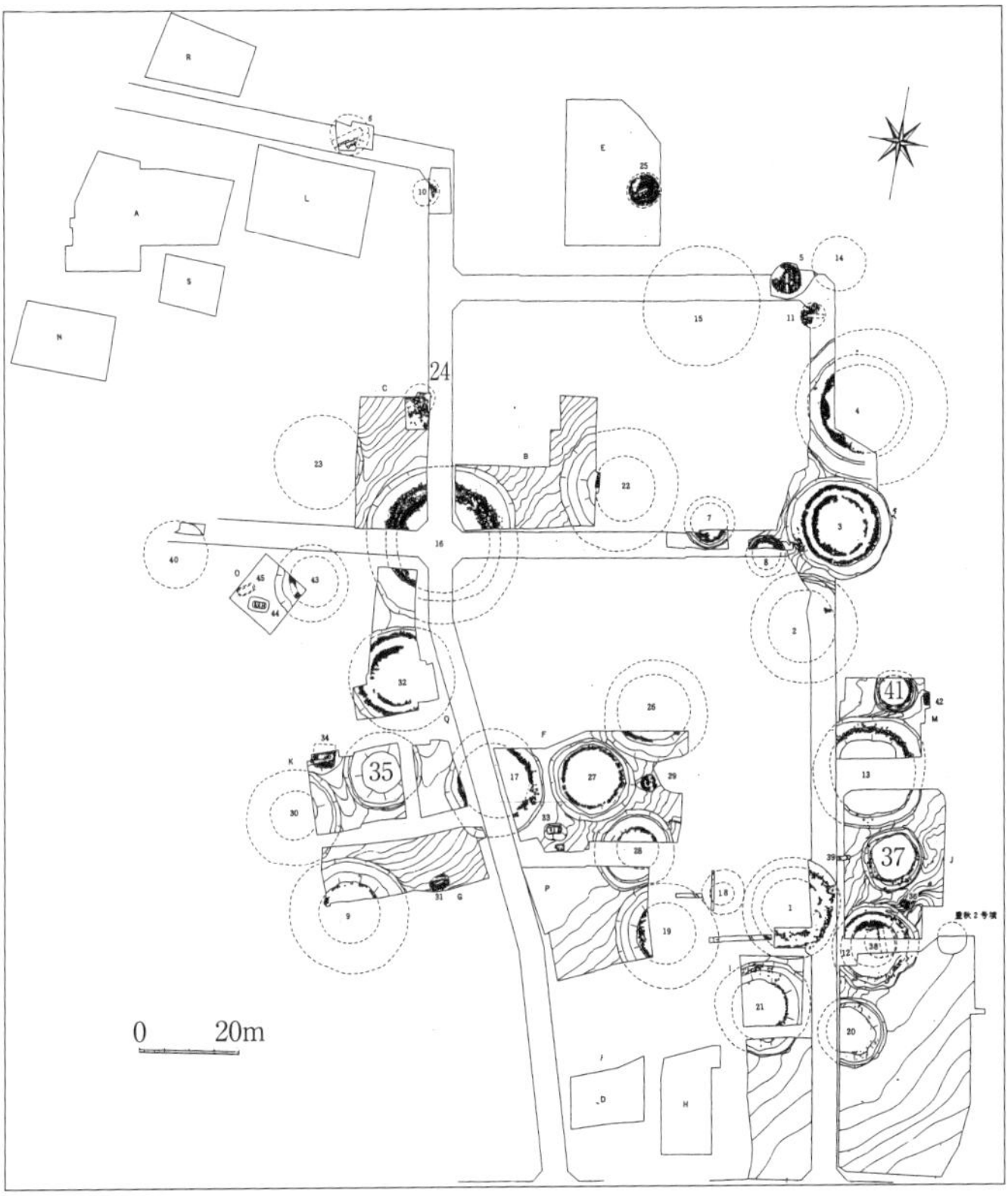

38　空沢古墳群図

は、剣崎長瀞西遺跡や内野古墳群の様相ともあわせみるならば興味深い論点が浮かび上がる。

F.A.下の墳墓には、大きく①円墳、②積石塚、③土坑墓《どこうぼ》の三類がある。円墳には在来的要素が多いのに対し、②と③は当地に従来認められなかった墓制である。

積石塚は三基が調査されたが、いずれも竪穴式小石槨をわずかに覆う程度のきわめて小規模なもの（一辺、径一・五～四メートル）で遺物も少ない。また積石塚の立地は、円墳に寄り添うような位置に築造されている。

土坑墓は四基を数えるが、いずれも明確な墳丘がなく遺物も出土していない。いわゆる木棺直葬墓であるが、不明のものを除き底部（床面）に棺台としての石床を配する。これは小石材を土坑長軸に直行させて二列ないし三列に並べたもので、床全面に配置しない。こうした施設は当該地において従来存在しなかったものである。近似したものは、大韓民国の金海《キムヘ》・礼安里《イエアンニ》古墳群に数例を数えるのみである。しかし礼安里のものは、竪穴式小石槨に伴うものである。一方、構造的に木棺直葬に近いものとしては木槨墓《もっかくぼ》がある。浦項《ポハン》・玉城里《オクソンニ》古墳群や陜川《ハプチョン》・鳳渓里《ポンゲニ》古墳群、慶山《キョンサン》・林堂洞《イムダンドン》古墳群などに類例がある。しかしこれらは床面全体に砂利や板石で敷くものであり、空沢古墳群とは微妙に異なっている。以上はいずれも四、五世紀を中心とした時期に属し、礼安里に対して後者が遡上する。土坑墓については特定の遺跡に系譜を求めることはできないもののやはり朝鮮半島との関係で理解することが妥当であろうと思われる。

以上、空沢古墳群における積石塚・土坑墓ともに渡来系の墓制として理解できるものである。しかしこれらの墓制は、空沢古墳群の中における状況などからみて、在来的な伝統的墓制である円墳よりも下位におかれていることは明らかであり、さきにみた剣崎長瀞西古墳群と同様の状況であると断じうるのである。

つぎにF.P.上の古墳ついても概観しておこう。過去に消失したものも含め約一〇基が確認されているが、確認できるものはいずれも径五《メートル》前後の小規模な積石塚（円墳）である。内部主体は当地に通有の横穴式石室であり、遺物の多くが残存していた24号墳では勾玉《まがたま》、耳環、須恵器、埴輪、鉄製品があった。このように遺物も、上毛野における後期古墳と何ら異なるところがなかった。しかし積石塚であることからF.A.下の積石塚に葬られた人々の後裔である可能性が高い。剣崎長瀞西古墳群や二本ヶ谷古墳群同様、渡来人たちは在地社会に溶け込み、やがて在地人と同等の身分を獲得したのである。あるいは、積石塚はなお残る差別の残影ではなく、彼ら自身が出自を誇りにしておりその象徴として採用されていたものである可能性も考えられるのである。

＊　F.A.は六世紀初頭に榛名山《はるなさん》二ッ岳の爆発によって堆積した火山灰層。F.P.は、同じく六世紀中葉に榛名山二ッ岳の爆発によって堆積した軽石層である。両者ともに他県におよぶ広範囲で確認されている。一般的な堆積とは異なりきわめて短期間に、しかも広範囲にわたって堆積するため、これらの層を基準とする（key layer）年代算定は信頼性が高い。

渡来人後裔の川額軍原Ⅰ遺跡

川額軍原《かわはけいくさばら》Ⅰ遺跡は群馬県利根郡昭和村川額および森下に所在する。現地は利根川上流の山間地で赤城山の北側にあたる。古墳は二〇基弱の小円墳がいくつかの支群に分かれて存在するが、大半はF.P.上の封土墳である。このほかF.P.降下以前の可能性が指摘された積石塚（諏訪平3号墳、円墳、七㍍《メートル》強）が存在する。本墳は無袖《むそで》の横穴式石室であるが、上毛野における六世紀前半〜中葉ごろの積石塚は無袖石室が通有である。剣崎長瀞西遺跡や渋川市坂下町《さかしたちよう》古墳群（方墳六基、一辺二〜五㍍《メートル》）等、五世紀代の積石塚は外形が方形で主体は竪穴式小石槨であった。この変遷は他の古墳にも認められる現象であり、上毛野では六世紀前半以降横穴式石室が急速に普及する。積石塚もこの流れとは無縁ではなかった。

ところで、川額軍原Ⅰ遺跡の報告書で中・近世の「集石遺構」とされた遺構群があるが、大塚昌彦や橋本博文は再検討によって積石塚であると考えた（大塚昌彦　一九九九年。橋本博文　一九九九年）。私もこれら一群の遺構は積石塚であると考えている。積石塚は一辺二～七メートルの幅に収まる方形のものが一一基確認された。積石塚は副葬品を欠き正確な年代比定ができないが、主体部が残存していた三基はいずれも竪穴式小石槨であった。しかし、周囲の状況などからこれらの積石塚がF.P.降下後の築造であることは確実である。上毛野において六世紀後半の古墳は小規模墳であっても埴輪樹立を行うことが特徴であり、七世紀になると急速に埴輪樹立の風が衰微するのである（右島和夫　一九八九年）。また、七世紀中葉ごろには横穴式石室が極端に小規模化し、竪穴式小石槨など竪穴系埋葬施設になることが多い。もちろん、五世紀代の竪穴式小石槨と直接つながるものではない。このように考えるなら、川額軍原Ⅰ遺跡のこれら積石塚は、おそらく七世紀中葉以降に築造されたものとみて間違いないであろう。

　上毛野の積石塚は、当初渡来人の墓制として出自表示の目的も兼ねたものであり、墳形とともに規制の対象であった。しかし六世紀以降、渡来人が在地の人と融合するにつれ、外観や内部構造など徐々に他の古墳に近づいていてついには両者の区別はつかなくなった。しかし、一方では北へ山間部へと追い立てられるように築造地を変えながらも継続して築造されつづける。おそらく社会的身分を上昇させられなかった人々が、未開拓地の開墾や牧の設置に駆り立てられ、かつ身分表示としての積石塚構築を強制されたものと思われる。古代において馬飼部《うまかいべ》は、低い身分に置かれていたのである。積石塚は当初出自表示の墓制という性格を帯びていたのであるが、七世紀前半〜中葉ごろには伴造—伴部造—伴部（部民）のような階層にもとづく墓制となって残存したのであろう。

古墳の終焉

群集墳の盛行

群集墳の登場

群集墳とは、一定の限られた墓域の中に、小規模墳が多数集まって形成された古墳群を指す。すでにみたように、大半は円墳であるが方墳や前方後円墳も少数ながら混在することがある。汎列島的に六世紀中葉以降多数が築造された。とくに六世紀後半～七世紀前半にかけては、爆発的という表現がふさわしいほど築造されており、今日に残る古墳総数のうち大半を群集墳が占める。ただし、畿内など一部の地方では五世紀中葉や後半から築造を開始した群集墳もあり、これを「初期群集墳」と呼ぶことがある（石部正志　一九八〇年）。また、六世紀末以降には、急斜面で造墓が困難な地形にもかかわらず、しかもおおむね幅一〇〇メートル《メートル》程度の狭い土地に墳裾を接するように多数の古墳が、ほぼ同規模（きわめて小規模）で築造された群集墳がある。これを従前からの群集墳と比較すると、従前の群集墳は古墳間に若干の余裕を持つことが通有であり、古墳のなかには直径が二〇㍍前後とやや大型のものを含むことも認められる傾向に対して著しい相違といわなければならない。このような群集墳を密集型群集墳と呼んで、旧来の群集墳とはその性格を異にするものと考えられている（辰巳和弘　一九八三年）。

前半期古墳は首長墓、もしくは随従者や首長の系譜に連なる者の墳墓が大半を占めるものと考えられているのに対して、群集墳の被葬者は首長との直接的な関係がなく、彼らの下位にある人々の墳墓である。このように従来よりも下位層に属する人々が古墳を築造したために、築造数が急激に増加した。またそのような階層の人が古墳を築造した、築造できたことの史的意義を深く考究する必要がある。

群集墳への眼差し

かつて古墳研究において群集墳の占める位置はきわめて低く、ほとんど顧みられることはなかった。また、古墳研究の分析視角についても、主として文化史の領域にとどまっていた（とどまざるをえなかった）。そのような第二次世界大戦前の研究水準では、規模が小さく出土品にもとくに目を見張るような優品がまれにしか認められない群集墳に、研究対象としての価値を積極的に見出す人はほとんどいなかったのである。こうしたなかにあって、藤森栄一および赤松啓介の在野研究者が群集墳を研究対象に選択したことはきわめて注目される（いずれも第二次世界大戦前の研究が中心であるが、戦後以下の書籍にまとめられた。藤森栄一　一九七四年、赤松啓介　一九九〇年）。

藤森は信州諏訪地方の小古墳を取り上げて、これらの小古墳にも史的意義は少なくないものがあること、とくに中央の情勢とも密接に結びついていることを実証しようとした。また、群集墳は壮大な儀礼が行われた首長墓よりも「氏族聚落の生活に直属してその部族的な生活意識をば反映しているのではないか」（四九ページ）と述べ、群集墳研究の重要性を主張した。これは、群小な古墳ほど、生活の実態に近いという観点である。

一方、赤松は兵庫県播磨加古川《かこがわ》流域に所在する古墳の徹底的な分布調査を実施した。そして大古墳のみに観察を集中せず、小古墳やその残骸にも注意を向けて資料総体の総合的把握の上で歴史を考究するべきことを説いた。その際、古墳を文化的価値面での評価にとどめず、政治構造解明の素材としての可能性を認めている。

このように藤森・赤松の研究は、今日の群集墳研究の先駆けをなすものであり、学ぶべき点は多い。しかし、残念ながらただちにこうした研究方向を受け継ぐ研究者は現れなかった。群集墳研究の本格化は、戦後になり近藤義郎による佐良山《さらやま》古墳群の研究成果が公表されるのを待たねばならなかったのである。

佐良山古墳群の研究

一九五〇年、文化財保護法の施行を記念して、岡山県津山市は佐良山古墳群の分布調査並びにうち一基（中宮《なかみや》1号墳、前方後円墳）の発掘調査を岡山大学に依頼した。調査を担当した近藤義郎は、その報告書の中で、築造時期が著しく後期に偏っていること、それは単なる人口の増加や生産の向上などによって解決される問題ではなく、古墳そのものの変化であると考えた（近藤義郎ほか　一九五二年）。そして、「大きくは社会構造の、小さくは、共同体の形態の変化に、求められてこそ、問題の核心に迫り得るのでは、な」（四三ページ）いかと考えた。すなわち、有力家長層の台頭を群集墳盛行の根底にみたのである。これに対して、佐良山古墳群の調査当時岡山大学で近藤と同僚であった西嶋定生は、群集墳中にも前方後円墳が存在するなど被葬者間になんらかの社会的地位の相違が認められると考えた（西嶋定生　一九六一年）。そして、「後期群集墳においては首長以外の集団成員が広汎に古墳を造営したのであるから、彼等はここにおいて首長のカバネとは相違する新しい身分を獲得した」（一九六ページ）とみた。つまり、大和政権は首長を媒介にすることなく群集墳被葬者層を直接的に支配する段階に至ったとみる。その結果、従来の首長支配権が弱体化し、これに反して大和政権の一元的支配が強化されることになったと考えたのである。

近藤と西嶋の研究は、前者が共同体有力成員の成長を、後者は大和政権の働き掛けを重視しており対極にあるようにみえる。しかしいずれも群集墳の成立とその時代は、従前の共同体秩序が変化して各共同体内部で完結した時代が終焉を迎え、日本列島の広域にわたって大和政権主導の社会構造に変化していく状況を認めた点で共通する。こうして群集墳の政治的、社会的意義が改めて注目されるようになった。

群集墳の史的意義

今日の群集墳研究は、さまざまな側面からの分析が行われており、大きな成果が得られている。既述の白石太一郎をはじめとする前代大型古墳との対比による氏族・同族意識の形成分析（「畿内の始祖墓」の節参照）をはじめ、墓道の分析を中心とした群集墳内の構成分析は同族の実態解明に迫ろうとするものであった（水野正好　一九七〇年ほか）。ただし、本研究は墓道の復元に恣意的操作の余地が多く、科学的な根拠に問題を残すものであった。この点、祭祀・儀礼の分析による群集墳の構成分析はより具体的であり、今後大いに継承・研究する必要があろう（吉留秀敏　一九八七年）。また副葬品の分析を中心として群集墳内部の格差とともに地域間格差をも追究した

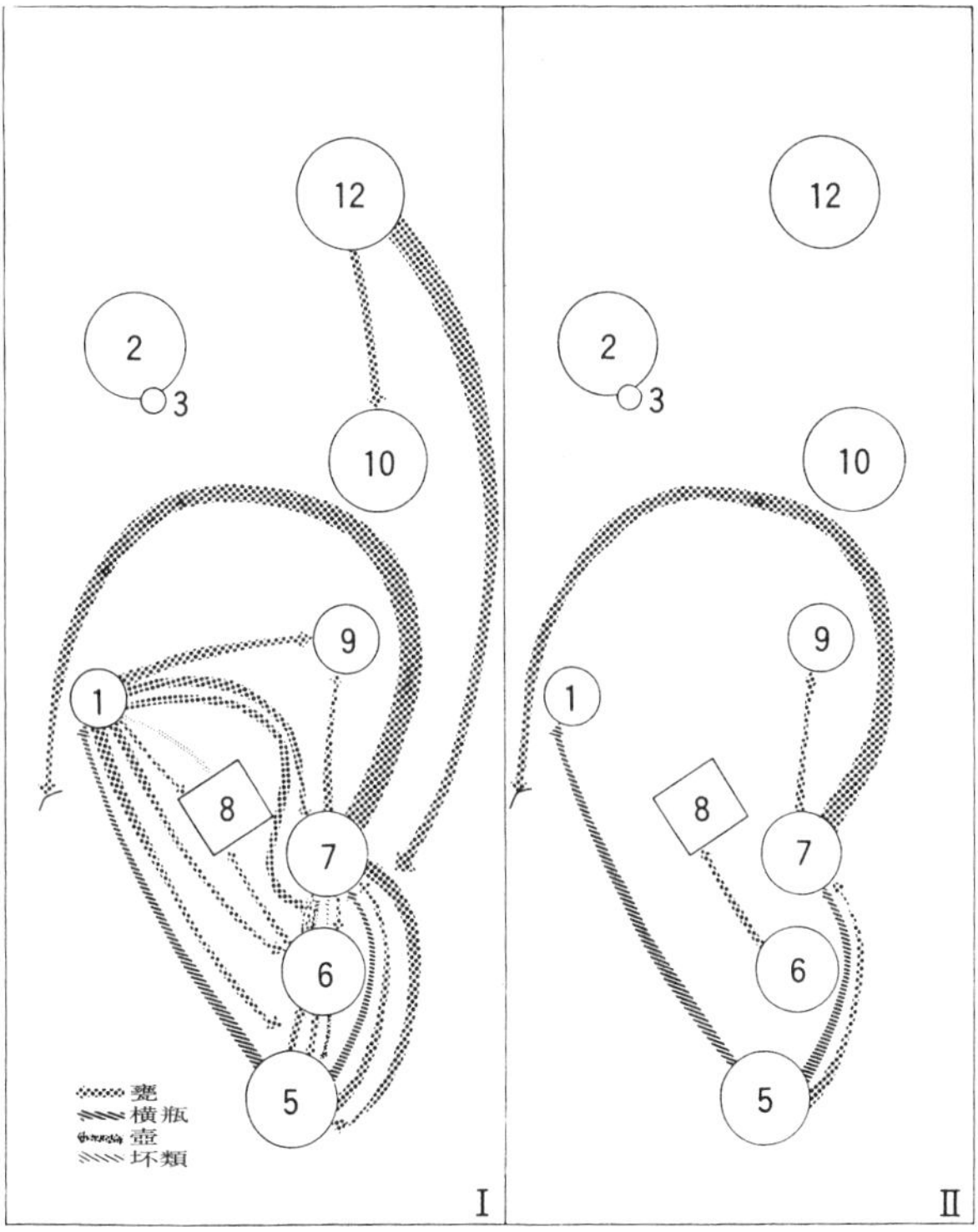

39　堤ヶ浦古墳群出土土器分析図

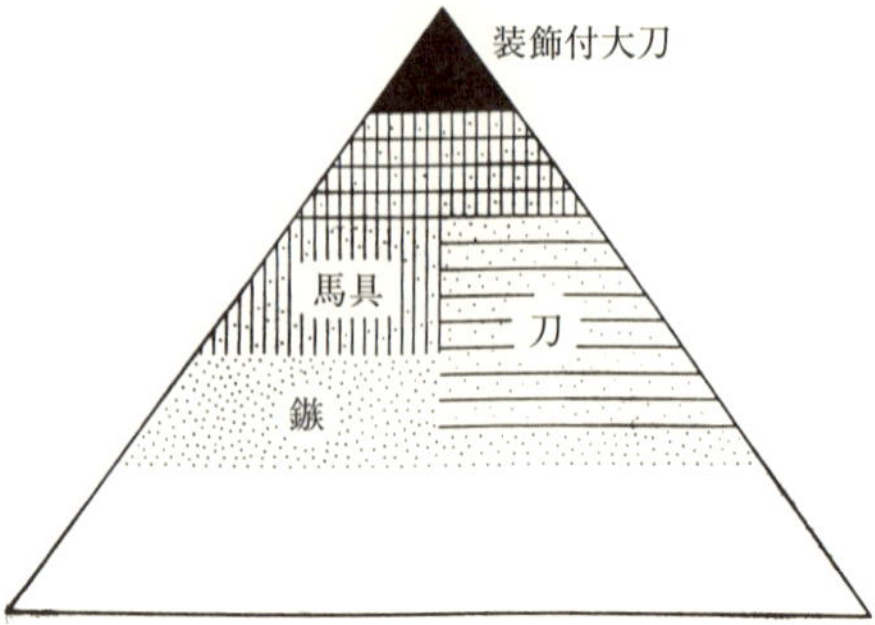

40　新納泉の副葬品分析と群集内序列

新納泉《にいろいずみ》や尼子奈美枝《あまこなみえ》の研究（新納泉　一九八三年、尼子奈美枝　一九九三年ほか）は、それまで畿内と他地方との比較に止まっていた分析を、汎列島的規模で相対的に比較分析するという視点をもたらした。もちろん、群集墳にも性格の相違があり、社会的位相や形成時期の相違が政治史分析に大きく寄与すると考えた辰巳和弘や和田晴吾の研究（辰巳和弘　一九八三年、和田晴吾　一九九二年）は明記しておく必要があろう。

今日、群集墳は六、七世紀の政治・社会構造分析における格好の資料として多くの研究者に認識されており、今後ますますその価値を高めるとともに、優れた研究が提示されつづけるものと思われる。

終末期古墳の諸相

前方後円墳の終焉

かつて『古代学研究』誌では、「最後の前方後円墳」という特集を組んで、各地における最後の前方後円墳を抽出した。その結果、非常に重要な情報が確認されたのである。すなわち、日本列島各地における前方後円墳の終焉は、特定の時期に集中することを確認したのである。具体的には西日本が六世紀後半、そして東日本は七世紀初頭に集中することが判明した。もちろん個々の地域によってはこれとは異なる場合もある。しかし、多くの地域で上記時期に集中する事実は、これを偶然の出来事と解釈することを困難にしている。そこには何らかの強権が作用したとみるべきであろう。もちろん、「強権」の所在地は畿内をおいてほかにない。このように汎列島的に重大な変革を行い得たことは、畿内の政権（大和政権）が他地方に対してすでに絶対的有利な立場にあったことを示している。その点、近年の研究によれば、大和政権の地方官たる国造の任命は、大方の研究者によって六世紀以降に降るものと考えられている。また、各地国造の任命は各々別個になされたのではなく、いっせいに任命されたものとみられていることが注目される。代表的な国造研究者である篠川賢によれば、西日本では六世紀中葉、東日本は六世紀後半の年代があてられている（篠川賢　一九九六年）。

ところで国造任命と前方後円墳の終焉との間に時期差があるが、私はこうした現象の理由について以下のように解釈している。国造制の施行は、それまで以上に大和政権の意向が強く地方に反映するようになった。このため、墓制においてもいっせいに方墳（円墳）に取って代わった。しかし、国造は在地の首長が就任するが、初代国造が首長位を襲った時点では前代的規範にもとづいて物事を決定していた。したがってその奥津城《おくつき》についても前代的な前方後円墳を築造したのであろう（なかには、生前に墓を完成はしないまでもある程度まで用意する、ある種の寿墓《じゅぼ》の場合もあろう）。そのように考えると、前方後円墳の放棄と方墳（円墳）の採用は、二代国造の死亡時ということになる。つまり、国造制施行と前方後円墳の終焉時期差は、東西日本ともにおよそ三〇年程度が見積もられるのであるが、これは初代国造の就任時期と二代国造の死亡時期（生前に築造を開始する場合も多いものと思われる）との時間差と考えてよいであろう。

前方後円墳の終焉以後、首長層の墳墓は畿内を嚆矢として方墳や円墳に取って代わる。とくに方墳と円墳の墳形選択については、畿内最上層における当該期の墳墓形態とも関連して、後述するように畿内と地方の政治的なつながりを想定する見解も提示されている。こうして前方後円墳の終焉は、各地首長層の好みの変化というような表層的理由ではなく、すぐれて政治的要因にもとづくものであることが想定されるのである。このように、伝統的な政治的記念物の要素を持った前方後円墳の終焉は、古墳そのものの存在意義にも大きな変化をもたらしたことが想定できよう。このため、前方後円墳終焉以後の古墳を終末期古墳と称して、以前の古墳と区別するのである。

さて、そうであれば、以下のような疑問を感じざるをえないのである。すなわち、なぜ前方後円墳という独特の墳形に政治的位相を表出した前代的規範を捨て、方墳を採用したのか。また方墳と円墳の相違は何にもとづくのか。以下では、こうした疑問について考えてみよう。

方墳と円墳

以前白石太一郎は、畿内における六世紀末以降に支配者層が採用した墳丘形態は、方墳と円墳の二者があり、前者は蘇我《そが》系の大王や蘇我氏に近い立場の豪族、後者は反蘇我氏ないし非蘇我系の皇族や氏族に採用されたものとみなした（白石太一郎　一九八二年）。たとえば蘇我馬子《うまこ》墓の可能性が高い石舞台《いしぶたい》古墳（奈良県明日香《あすか》村）や用明《ようめい》陵古墳（春日向山、大阪府太子《たいし》町）、推古《すいこ》陵古墳（山田高塚、大阪府太子町）などは方墳であり、押坂彦人大兄《おしさかのひこひとのおおえ》墓の可能性が高い牧野《ばくや》古墳（奈良県広陵町）や物部氏の墳墓と考えられる峯塚古墳（奈良県天理市）などは円墳である。この研究は、文献史学の成果による蘇我系対非蘇我系の対立（薗田香融　一九六八年）をも立論の根拠とした、十分な説得力を持ったものである。

地方でも前方後円墳終焉後の首長墓は方墳と円墳の両者に収斂されており、畿内と同根の事情を想定して相違ないか、今後十分な検討が望まれる。たとえば、群馬県の総社古墳群（前橋市）では、七世紀前半の愛宕《あたご》山古墳以後宝塔山《ほうとうざん》古墳、蛇穴山《じゃけつさん》古墳と方墳がつづくのに対し、栃木県の大首長墓は壬生車塚《みぶくるまづか》古墳（壬生町）をはじめほぼ円墳で占められている。しかし、群馬県の場合、上毛野《かみつけの》国造の奥津城と想定される総社古墳群以外の首長墓（多くは後の郡司層に相当）の大半は円墳で占められている。したがってこの場合は、階層と墳形との対応関係が窺えるのであって、必ずしも蘇我系対非蘇我系の対立軸ですべてを読み取ることはできない。こうした点にも配慮しながら今後研究を進めていく必要があろう。

方墳採用の背景

かつて小林行雄は、方墳採用の背景として遣隋使・遣唐使の派遣を想定したようだ。それは小林が執筆した『古墳の話』のなかに、以下のような記述があることから窺えよう。「いままで古墳の最上の形式とされていた前方後円墳をすてて、大陸ふうの方墳を採用することになった」（小林行雄　一九五九年　一七六ページ）。上述の方墳と円墳に対する解釈についても、方墳が推古朝を牽引した蘇我系に比定されており、近年の研究成果とも整合性が認められる。こうした施策の前提条件としては、六世紀後半の見瀬丸山古墳《みせまるやま》（奈良県橿原市、前方後円墳、三一〇㍍）の造営が象徴的である。当該期において墳丘規模は著しく縮小しており、そのなかでの三〇〇㍍越えは突出した規模である。また内部主体の横穴式石室も二八・四㍍を測り日本最長を誇る。筆者は、丸山古墳は欽明《きんめい》天皇陵であろうと考えているが、文献史料からも欽明天皇期における大和政権の充実が窺え、「地方」に対して完全に優位に立った状況が認められる。さきにみた前方後円墳の終焉は、東西日本で若干時期が異なるとはいえいずれもおおむね欽明朝から、その施策を発展させた推古朝期（五九二〜六二八年）にあたっており、こうした推測は故のないことではない。かつては、群集墳の造営も七世紀に入ると急速に廃れたものと考えられ、これらを総合して推古朝の規制の存在が主張された（水野正好　一九七〇年）。今日ではむしろ七世紀前半は群集墳の盛行期であることが判明している。しかし、六世紀末以降には既述のとおりそれまでの群集墳と異なる密集型群集墳が新たに登場しており、かつてと異なった形ではあるが「推古朝の規制」が存在した可能性は高い。いずれにしても、推古朝以後の古墳はそれまでの古墳とは様相が異なることに注意しなければならない。

切石石室の採用

七世紀に入ると前方後円墳の終焉など墳丘規模は縮小するものの、内部主体は巨大化をつづける。七世紀前半の石舞台古墳（石室の全長一九・一メートル、玄室の高さ四・八メートル）はその代表例である。石舞台古墳以降は縮小化に転じるものの、石材にはコタタキなどを施して表面を平滑にしたいわゆる切石を用いた石室が採用され、古墳築造にかける労力にはなお膨大なものがあった。これらの石室群のなかでもとくに岩屋山式石室は重要である。

かつて白石太一郎によって指摘されたとおり、奈良県明日香村の岩屋山古墳（対辺間約四〇メートルの八角形古墳の可能性が高い）の石室を基準として、平面・立面の設計プランと壁面構成原理に至るまでまったく同じ規格で構築された石室と、若干の差異はあるが同様の規格にしたがって構築された一群の石室がある（白石太一郎　一九六七年）。前者の例としては奈良県桜井市ムネサカ1号墳（円墳、直径約四五メートル）があり、後者には奈良県橿原市小《こ》谷《たに》古墳（墳形不明）や同天理市峯塚《みねづか》古墳（円墳、直径三五メートル）があげられる。このほか現在実見できないが、大阪府太子町聖徳太子墓（円墳、直径約五四メートル）も古記録によって同様

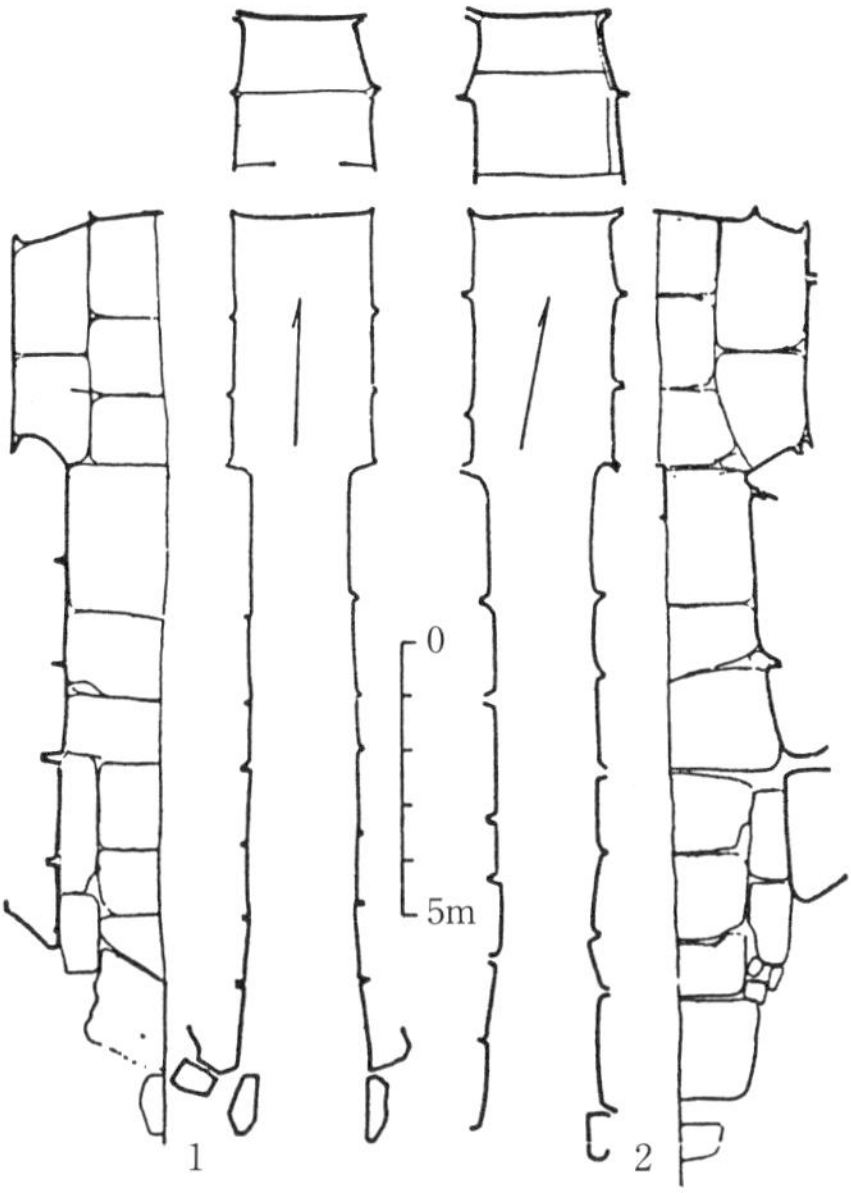

41　岩屋山式石室図
（1岩屋山古墳，2ムネサカ第1号墳）

の構造である可能性がきわめて高い。いずれも石舞台古墳同様花崗岩を使用しているが、石舞台の壁石（表面はおおむね平滑に仕上げているが、切石には及ばない）に対して切石を使用した整備で、巨大な石室である（岩屋山古墳の場合、玄室の長さ四・七米《メートル》、幅二・七米《メートル》、高さ二・六米《メートル》、羨道《せんどう》の長さ一二米《メートル》、幅一・九米《メートル》）。このほか整備な切石の使用はないものの同様の規格で構築された石室も、奈良県・大阪府下に数例認められている。

白石はこれら一群の石室を当初七世紀第2四半期の築造にかかるものと考えていたが、その後七世紀第3四半期と改めている。これに対して菱田哲郎は白石の旧説の年代観を支持する（菱田哲郎　一九八六年）。いずれも須恵器や瓦の年代観から導いたものであるが、須恵器や瓦の生産時期と古墳構築期および副葬品として埋納された時期等との年代差を考慮すれば、いずれとも決しがたい。現状では七世紀中葉を前後するころとみて大過ないであろう。

さて、このように多くの類似石室を擁する岩屋山式石室の史的意義については、どのような解釈が可能であろうか。この点については、関晃の考察が参考になる。すなわち、いわゆる大化二年三月の詔を公葬制の公布とみたのである（関晃　一九五八年）。もし仮に岩屋山式石室の成立が七世紀第2四半期に遡上すれば、「大化薄葬令」以前、最上層階級に対してはすでに政権による墳墓の規制や葬送儀礼の管理・運用が実施されていたことになる。まさに「推古朝の規制」と密接に絡んだ歴史事象であると評価できるのである。いずれにしても、岩屋山式石室が七世紀史に占める重要性には変わりのないことが了解されるのである。

横口式石槨の登場

終末期古墳を語る際に、切石石室とともに横口式石槨を見落としてはならない。これは横穴式石室を小型にしたもので（ただし横穴式石室とは異なり、基本的には床面にも石材を配置する）、棺を納めると壁との間にほとんど空間がなくなる形態である。従来は七世紀前半に出現し、奈良県葛城地方や大阪府南河内石川流域に多く分布することが知られていた。いずれも当該期には渡来人が多く蟠踞《ばんきょ》しており、また百済や高句麗に祖形と考えられる事例が存在することから、横口式石槨は百済・高句麗系渡来人によってもたらされた墳墓であると考えられてきた。こうした見解は今日においてもおおむね変更の要はないが、近年六世紀末に遡上する大阪府河南町シショヨツカ古墳が発見されて若干の議論を呼んだ。しかし鐘方正樹《かねかたまさき》によって、すでに中国北周代（五五七～五八一）に横口式石槨が存在することが明らかにされた（鐘方正樹　二〇〇七年）。今後は、東アジア全体にわたる広域での比較墓制研究が必要となろう。

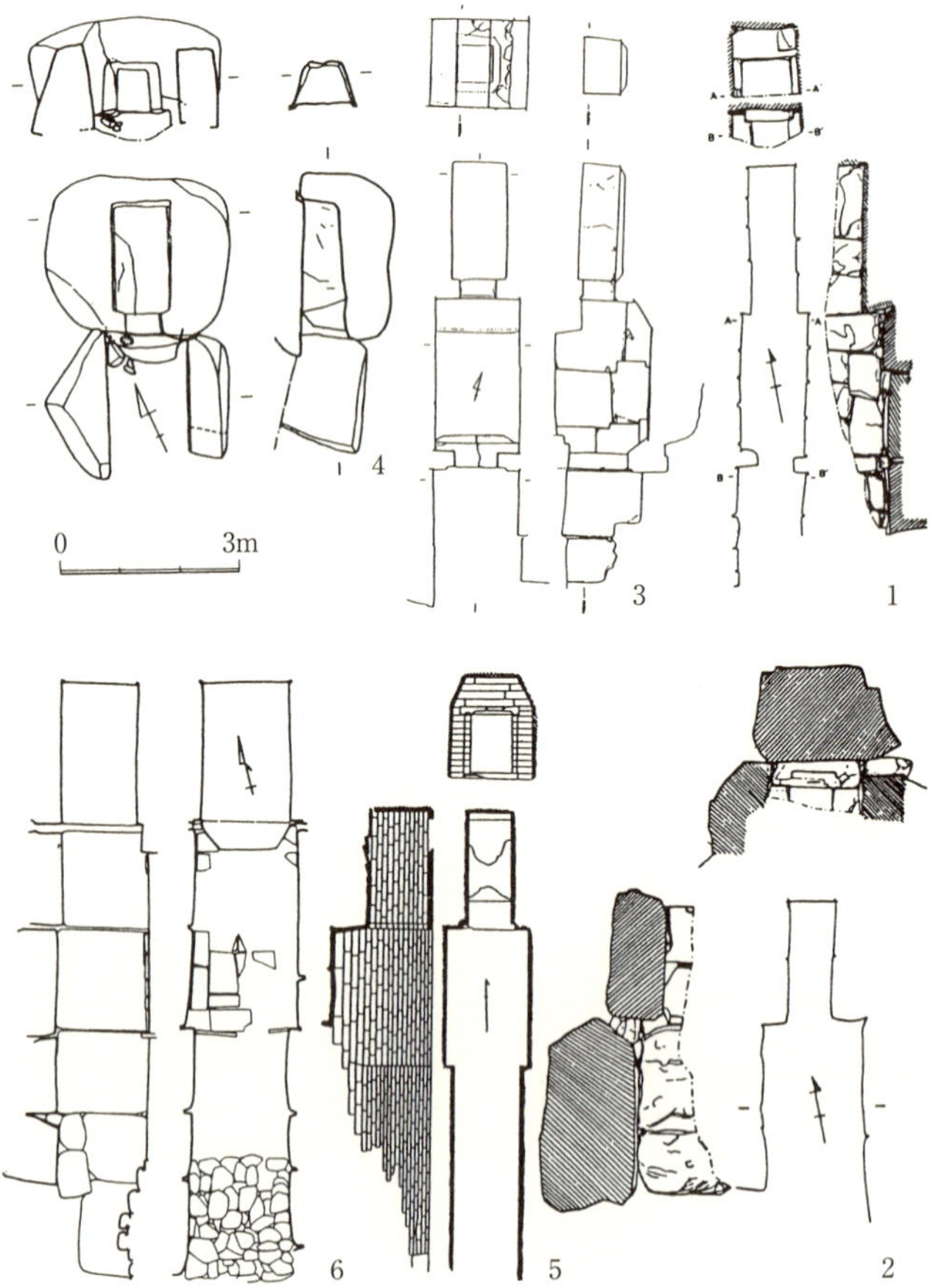

42　横口式石槨図(1)

（1 雁多尾畑古墳，2 平尾山南峰古墳〈雁多尾畑西〉，3 観音塚古墳，4 石宝殿古墳〈鬼ノ俎型〉，5 花山西古墳，6 アカハゲ古墳）

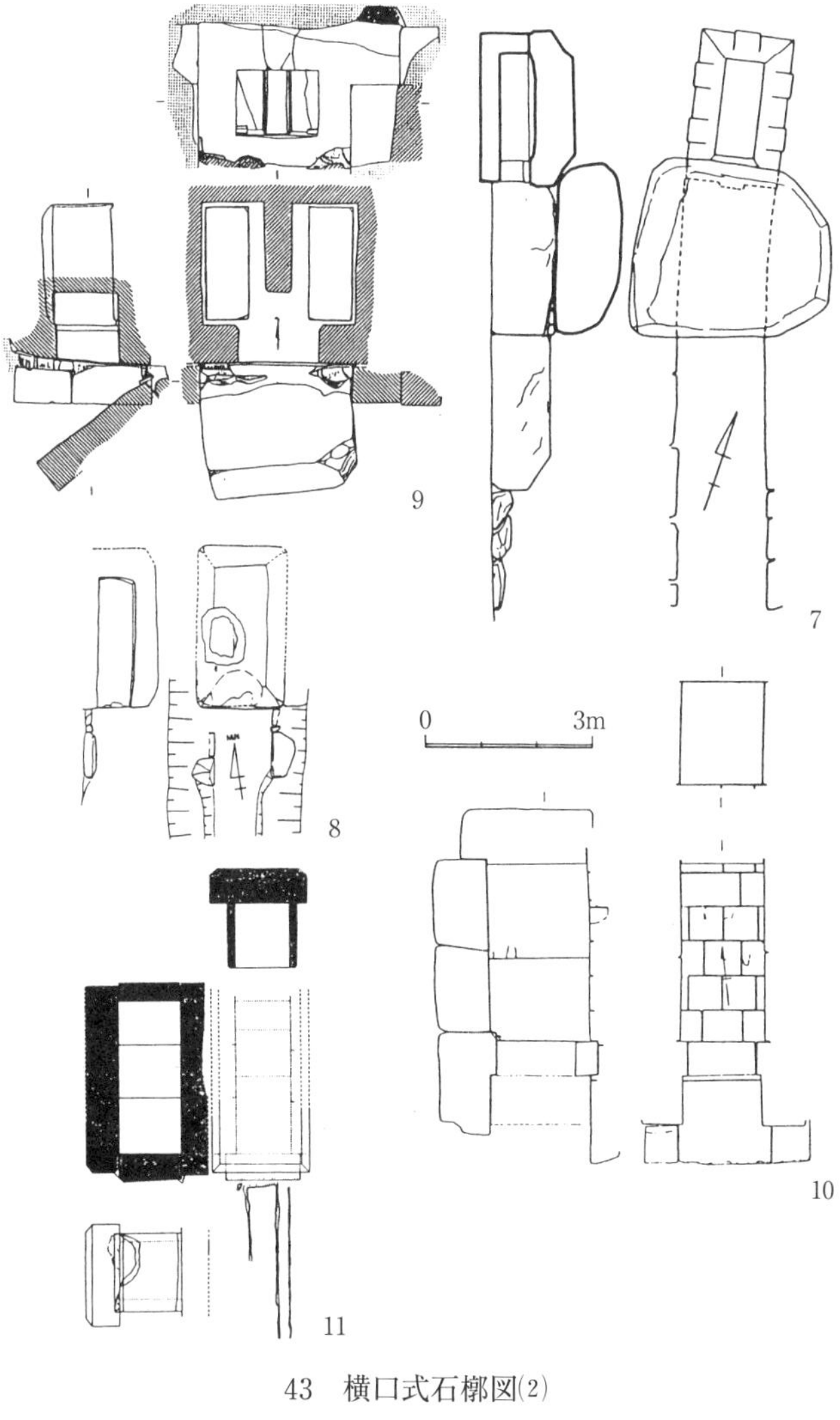

43　横口式石槨図(2)

（7お亀石古墳，8小口山古墳〈仏陀寺型〉，9牽牛子塚古墳，10平野塚穴山古墳〈塚穴山型〉，11高松塚古墳）

七世紀後半になると、横口式石槨は最上位層に採用されるとともに地方にも広がりをみせる。前者の場合、切石石室が徐々に小型化して石槨化する。これらのなかでは初期に属する牽牛子塚《けんごしづか》古墳（奈良県明日香村、対辺間約一八メートルの八角形古墳、七世紀後半）の場合、巨大な凝灰岩《ぎょうかいがん》をほぼ長さ二・一メートル、幅一・一五メートル、高さ一・三メートルの同一規格で左右に並列して刳《く》り抜いている（短い入口部を共有し、左右の墓室は壁によって分かたれている）が、文武《もんむ》天皇陵と目される中尾山《なかおやま》古墳（明日香村、対辺間三〇メートルの八角形古墳）では長さ〇・九三メートル、幅〇・九メートル、高さ〇・八七メートルと極端に小さくなる。火葬骨が埋納されたものであろう。

一方、地方への拡散はやはり七世紀後半に顕著となる。鳥取県鳥取市山ヶ鼻《やまがはな》古墳（古海《ふるみ》13号墳）や群馬県高崎市安楽寺《あんらくじ》古墳、福島県白河市谷地久保《やちくぼ》古墳、同野地久保《のぢくぼ》古墳などがあげられる。なかでも大分県大分市古宮《ふるみや》古墳は天武《てんむ》天皇の舎人《とねり》として知られる大分君恵尺《おおきだのきみえさか》の墳墓であろうと想定されており、これら地方の横口式石槨が中央との密接な関係のもとに築造されたことが窺えるのである。

八角形古墳の採用

先に岩屋山古墳や牽牛子塚古墳の墳丘について、八角形であると記した。ここで、八角形古墳の史的意義について考究しておきたい。

畿内の古墳で最も早く築造された八角形古墳は七世紀中葉の舒明《じょめい》陵古墳（段ノ塚古墳、

44　牽牛子塚古墳

桜井市）である。以下、八世紀初頭にかけて岩屋山古墳、天智《てんじ》天皇陵古墳（御《ご》廟《びょう》野《の》古墳、京都市）、天武・持統《じとう》合葬陵古墳（野口王墓古墳）、牽牛子塚《つか》古墳、東明神《みょうじん》古墳（奈良県高取町）、中尾山古墳などが相ついで構築された。いずれも天皇陵ないしこれに準じるクラスの墳墓に比定される最上層の墳墓であることが注目される。八角形古墳の意義については、菅谷文則による「八角円堂」説が早くから提示されてきた（菅谷文則　一九七〇年）。つまり、仏教的色彩を帯びた墳墓とみなす説である。これに対して網干善《あぼしよし》教《のり》は八角方墳という見解を提示した（網干善教　一九七九年）。これは「四方八方」などに通じ、世の中をあまねく支配するという中国思想の象徴とみるものである。高《たか》御座《みくら》やその天蓋《てんがい》なども八角形であるが、いずれも同根の思想であろう。網干説は畿内の八角形古墳が天皇陵などに集中することや盛行期が皇族への権力集中が進む時期であることなどから、より説得力を持つとみてよいであろう。ただし、以下に述べるように地方にも八角形古墳は築造されており、この意義についての合理的な説明を欠く現在、なお継続的な検討が求められよう。

地方の八角形古墳

現在確認されている畿内以外の八角形古墳は次の諸古墳である。広島県福山市尾市《おいち》1号墳、鳥取県鳥取市梶山《かじやま》古墳、山梨県笛吹市経《きょう》塚《づか》古墳、東京都多摩市稲荷塚《いなりづか》古墳、群馬県吉岡町三津屋《みつや》古墳、この他畿内（摂津）ではあるが在地首長墓と考えられる兵庫県宝塚市中山荘園《なかやまそうえん》古墳や大阪府茨木市桑原《くわのはら》C—3号墳がある。このうち梶山古墳は変形の八角形古墳であり、経塚古墳や中山荘園古墳、桑原C—3号墳も不整形である。いずれも七世紀前半に遡上する可能性が高く、稲荷塚古墳も同様に七世紀前半の築造と考えられている。これに対して尾市1号墳や三津屋古墳は七世紀第3四半期に比定されており、座視できない問題を提起している。網干説に立つ場合、八角形古墳は古代専制政治の象徴として、天皇の占有的墳形であったと結論されるからである。以下、この点について若干の検討をしておこう。

さきにみたように、王陵の中では舒明陵が七世紀中葉と最も早く築造された。したがって七世紀前半に遡上する梶山、中山荘園、経塚、稲荷塚の諸古墳は、中央権力の規制を受けることなく八角形古墳を築造しえたことになる。ところで畿内の八角形古墳は、岩屋山古墳が七世紀中葉、天智天皇陵が七世紀第3四半期、天武・持統合葬陵、最近の調査により斉明天皇陵である可能性が高くなった牽牛子塚古墳、東明神古墳が七世紀後半、そして中尾山古墳が文武天皇陵であれば、崩御の年七〇七年を基準とした年代が考えられる（石槨の形態からも八世紀初頭の年代が付与できる）。こうした点から、自らのカリスマ性も手伝って古代専制政治あるいは皇親政治を確立した天武天皇以後、天皇陵としての八角形古墳が汎列島的に認知されたと考えてよいであろう。逆にみれば、七世紀第3四半期までは、中国思想の象徴としての八角形古墳でさえ、いまだ東国などの遠国《おんごく》にまで完全には周知していなかったことになるのである。七世紀前半期における東国の大古墳（方・円墳）は、当該期の畿内大王墓よりも規模が大きい。こうしたことから、天武天皇が壬申の乱に勝利する六七二年までは、少なくとも墓制の面においてなお汎列島的支配が貫徹できなかったものと思われるのである。

さきに「横口式石槨の登場」の項で七世紀後半には徐々に石室の規模が縮小し、横口式石槨化すると述べた。それとともに重要なことは、当該期の石室が岩屋山式石室以後、各石室間に形態差が認められ個性的であることである。もちろん小型化や整備に仕上げることなどおおむねの傾向は共通するが、石室石材の段数や玄室上部の内傾度など、細部には相違も多い。しかし、これらの石室の原型と思われる石室の多くは百済にあることが注目される。なかでも百済最後の都である扶余（泗沘）の王陵群の陵山里古墳群や近侍した位置にあり王族の墳墓と思われる陵山里東古墳群に多くを求めることができる。当該期は百済が唐・新羅連合軍に滅ぼされ王族をはじめ多くの難民が倭国に流入した時期である。難民のなかには石室構築に従事した工人もいたであろう。これらの人々の指導によって故国の墳墓に近似した石室が構築されたものと考えられるのである。

畿内の切石石室

次に、石室規模の縮小もすでに六世紀後半以後百済の古墳では顕著になっており、この影響であろう。影響を受けた背景としては、以下の点が考えられる。乙巳《いっし》の変（大化改新）以来律令制確立に向けた動きが急速になり、天武朝で一応の完成をみる。こうした政治的動向と関連するものと思われるのである。すなわち、氏族ではなく天皇以下律令官人の在り方から、個人が政治の単位となったこととも密接に対応するものと考えるのである。百済がいち早く石室規模の小型化を遂げることも、こうした状況を考えると納得がいくのである。こうして導入当初はほぼ渡来人の墳墓に限られていた横口式石槨も最上層の墳墓に採用されるようになったものと思われる。

古墳の終焉と再利用

ここでいう火葬墓とは仏教思想にもとづいたものであり、六世紀代にまれにみられた*竈塚《かまどづか》は含まない。よく知られているように七〇〇年に僧道昭《どうしょう》が荼毘《だび》に付されたことをもって本邦における火葬の初例であると記録されている。その二年後には、早くも持統天皇の葬儀において火葬が採用された。もちろん、このような「公式記録」の以前に、渡来人などで火葬が実施された可能性はきわめて高い。

火葬墓の登場

＊木柱を中心にして粘土を塗り固めて作った横穴式の墓室（木芯粘土室）に遺骸納置後、火化するものである。畿内や東海地方の一部に認められている。大阪の陶邑《すえむら》など須恵器生産地に分布するものもあって、須恵器工人の墓とみる説もある。ただし、形態は竈塚であっても火化が実施されな

かった事例も多い。仏教思想に直接もとづいた墓制ではないであろう。

仏教が導入されたのが欽明《きんめい》朝の六世紀中葉、はじめての本格的な寺院である飛鳥寺《あすかでら》が建立されたのが六世紀末であるから、支配階級に火葬が導入されるまで一世紀以上の歳月を要したことになる。したがって、しばしば説明されたように仏教の導入（あるいは寺院の建立）がただちに古墳築造の風を終焉させたというのは事実に反する。古墳の規模は五世紀前半〜中葉にかけてピークに達するのであるが、その後徐々に縮小に向かう。また既述のように畿内では六世紀後半に前方後円墳の築造が終焉を迎えるが、その後墳形が方墳（円墳）に変化しても、なおしばらくの間は相当の規模の墳墓を築造しつづけるのである。この点は他地方においても同様であり、とくに東国では既述のとおり、天皇陵を凌駕する規模の墳丘を営んでいた。畿内を例にとると、七世紀前半の石舞台古墳の場合、墳丘裾部でおおよそ一辺約五〇㍍、この周囲に幅七㍍程度の濠《ほり》をめぐらしている。また七世紀中葉の岩屋山古墳は対辺間四〇㍍の八角形古墳であり、同じく岩屋山式石室を擁するムネサカ1号墳は直径四五㍍を測る円墳であった。このように七世紀中葉に至るまで、最上位支配階級の墳墓は往時に比較して小規模とはいえ、なお座視できない規模を維持していたのである。

このような状況が一変するのが七世紀後半である。畿内上層階級の墳墓でさえ急速に小規模化する。奈良県香芝《かしば》市平野塚穴山《ひらのつかあなやま》古墳は一辺一八メートルの方墳であり、同明日香村のキトラ古墳は直径一八メートルの円墳である。

群集墳の墓制

以上で検討を行った上位層の墳墓に対し、群集墳の動向についても一瞥するために、大阪府柏原市の田辺《たなべ》古墳群・墳墓群を例にとってみよう。

遺跡は柏原市田辺の丘陵上に位置する。近在には田辺廃寺や七・八世紀の集落である田辺遺跡が所在し、田辺氏関係の遺跡群と考えられる。古墳群と墳墓群は同一丘陵上にあり、両者間は中間に小支谷を挟みわずか八〇メートルの位置にある。古墳群は東西八〇メートル、南北二五メートルの狭い範囲に一九基が築造されていた。七世紀中葉から末にかけての築造と思われるが、おおむね以下のような変遷過程をたどる。当初無袖横穴式石室を擁する直径（一辺）四〜八・五メートルの円墳（方墳）であったもの（A類）から、横穴式石室が退化した小石室（長さ一・五メートル、幅〇・五メートル前後）をわずかに覆う直径（一辺）三〜四・二メートルの墳丘（B類）を経て、木棺直葬で直径三メートル前後の円墳（C類）となる。ただし、土量はきわめて少なく、墳丘と呼ぶには違和感を覚えるほどである。

これに対して墳墓群は東西三〇メートル、南北二〇メートルの範囲に九基が確認された。構造上に若

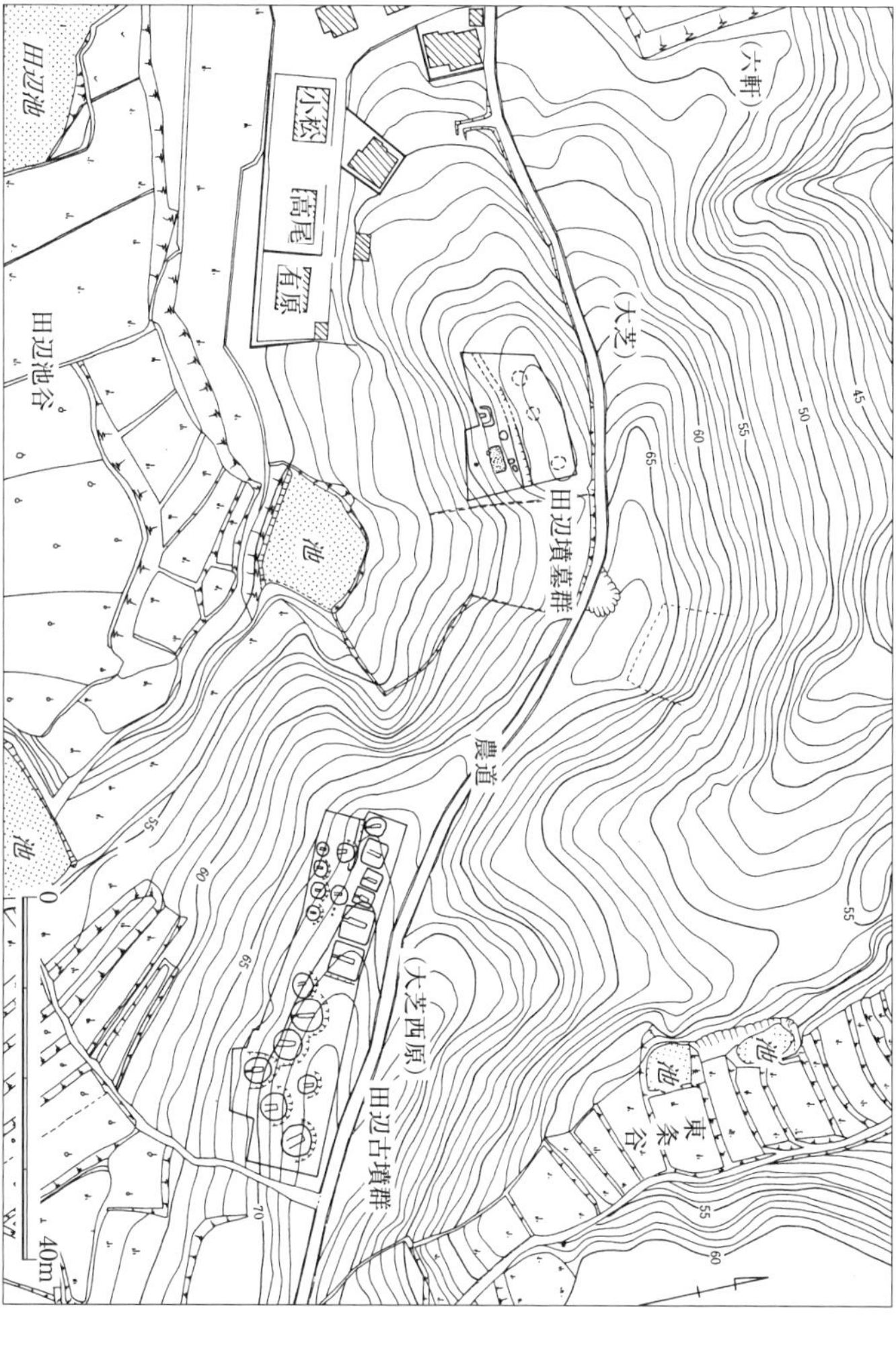

45　田辺古墳群・墳墓群図

干の差異はあるが、いずれも木櫃や須恵器壺などに火葬骨を納めたものである。造墓年代は、八世紀初頭から中葉にかけてのころと考えられている。

田辺古墳群・墳墓群のありようは最上層における墳墓の変遷とも軌を一にするものであり、とくに火葬の普及にはほとんど時期差のないことに注目しておこう。同様の事例は奈良県葛城市三ツ塚古墳群や京都市山科区旭山《あさひやま》古墳群など、畿内における他の群集墳においても確認されている。一方、地方においても静岡県浜松市宇藤坂《うとうざか》古墳群、同三島市田《た》頭山《がしらやま》古墳群、群馬県前橋市・伊勢崎市多田山《ただやま》古墳群、同太田市菅ノ沢《すげのさわ》古墳群、佐賀県鳥《と》栖《す》市東十郎《ひがしじゅうろう》古墳群等各地で若干の時期差を伴いながらも認められている。八世紀には火葬が汎列島的規模で急速に広がったことが窺えるのである。ただし、その後土葬に戻る地域も多くあることは銘記しなければならない。

古墳の終焉

以上のように、八世紀初頭には火葬が急速に普及する。これが墳丘の縮小化が著しかった当時の古墳に決定的な一撃を与え、ついに古墳の築造を終了させたものであろう。しかし、その前提として七世紀後半に生起した、墳丘の急速な小規模化の背景には何があるのだろうか。そこで、以下このことについて考えてみよう。

これまで再三述べてきたように、古墳は政治的意義や社会的意義など、多様な意味を担ってきた。前者の場合、亡き被葬者の地位と権威を示すとともに、葬儀全般を執行する後継者の正当性を周知させる目的があった。また後者の場合は、氏族結集の場としての役割を担うものでもあった。

ところが、隋の集権的政治体制を導入しようとした推古朝以来、遅々としてではあるが律令体制への歩みを始める。これが、七世紀後半になって壬申の乱を勝ち抜いた天武天皇になると、ほぼ律令体制が確立し、それまでの氏族政治を清算した。つまり、氏による職掌分担から個人としての律令官人への転換である（古来葬儀を専門とした土師《はじ》氏の諸流が八世紀後半になって改姓を申請したことは、こうした流れの代表的事例である）。こうして氏族の分解が始まり、やがて九世紀から一〇世紀にかけてのころには家産制をともなう家が成立するのである。もちろん、家の成立までには路なお遠く、古墳の消滅後一〇〇年以上の歳月を要したのであるが、ともかく当該期を境に古墳規模の著しい縮小化、そして終焉を迎えた背景の主要な要因として以上のような歴史展開を考えて相違ないであろう。

墳墓の役割の変化について考究するために、以下では文学（挽歌《ばんか》）に表現された七世紀後半における葬儀の実態と変遷を概観することから始めたい。

挽歌の成立

『万葉集』の「部立て」のなかに死者を悼み哀悼の情をうたうものがある。この挽歌のうち、歴史上確実な形で初めて詠まれたのは七世紀中葉の孝《こう》徳《とく》・斉明《さいめい》の時代であるが、宮廷挽歌としての体裁を持ったのは天智天皇に対するものが初見である。ただし、この歌群はすべてが女性の作品であり、古い様相を残すものであるといわれる。この点で持統朝における柿 本 人麻呂《かきのもとのひとまろ》をはじめとする「宮廷歌人」の登場は、それまでの挽歌とはまったく趣を異にするものであった。彼らは宮廷、あるいはそれに関連する諸行事の場において、宮廷の要求に従った作品を提供する義務があった。つまり彼らの挽歌は、高度な文学性とは別に、政治的な背景をも含むことを見失ってはならない。

ところで宮廷歌人の登場以前から、聴衆の前で亡き貴人の功績やそして何よりも後継者の正当性を披露する場は、殯宮《ひんきゅう》における諸儀礼、なかでも奉誄《ほうるい》であった。とくに天武天皇の場合は二年以上に及ぶ殯庭での諸儀礼中、二〇種以上の奉誄が実施された。しかし、『日本書紀』の記事をみるかぎり、殯《もがり》の儀礼はむしろ衰退期であった。かつて和田萃《あつむ》が指摘したように、殯が長期にわたる理由は後継者の選定期間と密接に絡むものであり、特別に殯のみが重視されたわけではない（和田萃　一九七三年）。しかしながら、殯も後継者選定の重要な舞台装置であったことには相違ないのである（殯を実施している期間は、いまだ公式に死を認定したことにならない。そのため、後継者の選定が容易に解決しない場合は、殯の期間が異様に長くなるのである。しかし、後継者が決定した場合は、殯を宰領する人物が後継者たることを広く顕示する場として重要である）。殯が実施された場が亡き大王宮の南庭であることが注目されることがある。しかし南庭における殯は大王の特権であり、草壁《くさかべ》皇子の場合のように皇太子でさえ墓所近傍での殯が通例であった。もちろんこうした背景に死穢《しえ》の思想があった。ただし、この場合後の神道の場合とは異なる。神道における穢れの思想は、奈良朝末期（八世紀後半）に成立するといわれるが、ここでいう死穢は、死の恐怖を基礎とした原始的なものである（高取正男　一九七九年）。

さて、天武朝以後になるとかつての大兄制は姿を消し、天皇の即位資格はごく限定された範囲に絞られた。このため殯の意義は急速に喪失ないし変質したのである。

ところで、七世紀になって大王およびその一族にかぎり整備された殯のみではなく、かつては各階層の支配層において殯の前身ともいえる「モガリ」の場や墓所が権力移譲を周知させる絶好の舞台装置であったことは、これまでの記述からも容易に推測できるのである。もちろん、七世紀になっても大王一族以外のモガリは、当然墳墓の近傍で実施されたことであろう。

以上のように考えるなら、持統朝になって宮廷歌人による挽歌が奉じられたのは、時代の趨勢とみてよい。挽歌は文学的表現形式であり、政治性を前面に出した誄《しのびごと》とは性格を異にするものである。挽歌は柿本人麻呂の題詞にみられるように墳墓の地で詠まれたものではなく、生前の居所における遺族・近親者を中心とした儀礼の場における誦詠《しょうえい》と考えられている（身崎《みさき》壽《ひさし》　一九九四年）。既述のように、モガリや殯の場は大王（天皇）のような例外を除いて墳墓の地を遠く隔たることはなかった。しかし、律令社会へと進んだ七世紀後半になるとモガリ・殯の意義は減退し、故人の資質や美徳を追想する方向へと向かうのである。こうして墳墓のもつ政治的・社会的意義の衰退が決定的となったのである。

古墳の再利用

上述のとおり、古墳は八世紀初頭ごろにほぼ築造の終焉を迎えた。ところが、八〜九世紀になると追葬を含めていったん墳墓としての利用を放棄した古墳にふたたび遺骸を葬ることが目立ってくる。これを再利用と称し、追葬とは区別している（間壁《まかべ》葭子《よしこ》　一九八二年）。追葬とは、初葬時からさほど時を経ず連続的に埋葬したものを指す（当然初葬者との血縁的関係が想定される）のに対し、連続的な埋葬が途切れてから約一〇〇年以上の歳月を経てふたたび埋葬地として活用したものをいう。つまり、たとえ再利用者に初葬者などとの「系譜上のつながり」という意識が存在したとしても、直接的には両者が同時期に生存したという可能性のないものを指すのである。

当該期にこのような事例が全国的に認められることを、単に流行であると片付けることは許されないだろう。すなわち、服藤早苗がまとめたように、八世紀末〜九世紀初頭にかけて天皇の地位の正当性を目的として現実の近い祖先だけを祀る国家的祭祀が成立したからである（服藤早苗　一九九一年）。もちろん、これは天皇の地位をめぐる祭祀であって、特別の事例ではある。しかし、こうした状況が他の氏族とまったく無関係であるとはいえないであろう。さらに九世紀から一〇世紀初頭にかけて家が成立することも勘案すれば、やはり古墳の再利用が意味するものがみえてくるのである。しかし、これ以後ふたたび古墳が現実に意義ある存在として浮上することはなかった。ここに、ようやく古墳の時代は、完全に終焉を迎えたのである。

その後の古墳――エピローグ

鬼の住む墓

平安中期以降、＊荷前懈怠《のさきけたい》という事態が頻発する。貴族層を中心に、死穢に対する恐怖などから墳墓に赴くことを極端に忌避する風が蔓延した。こうして朝廷の公式行事であるにもかかわらず、任務を拒否するのである。

＊律令制では多数ある陵墓のうち、とくに重視したものについては近陵・近墓と称して特別の幣物を供献した。この勅使一行のことを荷前使《のさきのつかい》というが、平安中期以降次第に懈怠が多くなっていった。

さて、承和一〇年（八四三）四月二一日、天皇陵をめぐって朝廷に激震が走った。すなわち、成務天皇陵と神功皇后陵を取り違えて長年祭祀を実施していたことが、神功陵に生じた奇異によって判明したのである。このような異常事態が生じた背景として、陵墓とはいえ墳墓を忌避する意識の存在があり、なるべく墳墓を遠ざけようとした傾向があったことは論をまたないであろう。上の事例は、まさにそうした情勢の先駆けをなす事件であった。その後も墳墓忌避の風はますます強くなり、藤原伊周《ふじわらのこれちか》は大宰権帥《だざいのごんのそち》として配流される（九九六年）直前、摂政にまで上り詰めた実父道隆《みちたか》の墓所（木幡《こはた》の藤原氏墓）に詣でているが、林立する墓地群のなかからやっとの思いで墓を探りだしているのである（『栄花物《えいがもの》語《がたり》』）。

こうした墳墓忌避の思想は、ついに鬼の住む墳墓という観念を生み出す。『大和物語《やまとものがたり》』の貴種流離譚《きしゅりゅうりたん》系の第五八話には平兼盛《たいらのかねもり》の次の歌が掲載されている。

みちのくの安達が原の黒塚に鬼こもれりと聞くはまことか　平兼盛

一〇世紀中葉から後半にかけて活躍した歌人、兼盛のこの歌は、本来直接的には鬼の存在とは無関係であるが、いつしか謡曲の黒塚へとつながっていく（「黒塚」は、旅僧が借りた宿の女主が実は人を食う恐ろしい鬼であったというもので、僧侶があわやという時に法力によって救われるという話である）。黒塚は地名にすぎないが、これまでに検討した墳墓忌避の観念が背景となり、また兼盛の歌とも合わせて「黒塚」の地が鬼の住む場所として多くの人々にふさわしく考えられたのであろう。このようにして、墳墓は人々の日常から消えていったのである。

古墳の変転

その後、陵墓を含む古墳は時に盗掘の対象となり、また戦国時代にはとくに巨大古墳が砦ともなっている。真の継体《けいたい》天皇陵と考えられる大阪府高槻市今城塚《いましろづか》古墳はその代表的存在である。その一方で、古墳（後期の横穴式石室墳）は貧しい人の居所ともなったようである。私は高校一年の折（一九六七年）、大阪府八尾《やお》市高安千塚《たかやすせんづか》で、浮浪者の借り宿となった横穴式石室墳を実見したことがある。石室内に鍋・釜など生活道具をそろえ、石室の壁は煤けていたことを鮮明に記憶している。また、農具置き場になっている横穴式石室や、さらには墳丘自体が後世の墓地となった、墓山古墳などという名称の古墳も存在する。こうしたいわば「実用的」な古墳がある一方で、陵墓は政治的思惑によってその姿を幾度か変えていった。

先に記したように、盗掘の厄にあったり砦に利用されたりと苦難の多い陵墓であったが、江戸時代になると陵墓探索が盛んとなった。とくに幕末には尊王思想に対する幕府の配慮から、修陵事業が実施された。また天皇陵も孝明《こうめい》天皇陵以後古代の制度にならって高塚式となる。とくに明治天皇陵以後は上円下方墳となって今日に至っている。これは直接的に

46　昭和天皇陵

は天智《てんじ》天皇陵に倣ったものであるが、当時八角形と認識できず墳形を誤ったものである。もちろん、天皇親政の時代を範としたものである。

　古墳はいつの時代においても、人々の思想や意識によってその姿・形を変えるのである。その意味において、古墳は単なる墓ではなく、今日に至る長い歳月のなかでその時代時代に生きた人々の証であるともいえるのである。

あとがき

高校一年生の夏休み、初めて発掘調査に参加した。大阪（伊丹）空港拡張に伴う事前調査で、調査の対象は弥生前期・中期の墳墓遺構を中心とした勝部《かつべ》遺跡であった。何しろ初めてのことであり、しかも考古学については学んだこともない。そのためか、小学生のころから興味を持っていたにせよ、今思えば軽い気持ちで参加したにすぎない。その後四五年にもわたって考古学を学ぶことになるとは、夢にも思わなかったことである。しかし、勝部遺跡での出会いなどがきっかけとなり、考古学に興味を持つ大阪の高校生たちが月に一度集まって会合するようになった。さほど深い勉強をしたわけではないが、本文にもあるように高安千塚《たかやすせんづか》など学校を超えてできた仲間とともに参加した遺跡踏査は思い出深い。当時の仲間のうち、何人かは今も考古学の道を歩んでいる。

大学は天理大学の国文学国語学科に入った。考古学をあきらめたのではなく、どうせ考古学専攻の大学院に入るのだから（入学できるかどうかなど何も考えず、勝手にそう決めていた）、隣接科学の様子を知ることがいつか役に立つのではないかと考えたこと、また天理には参考館（博物館）があり考古資料に恵まれていること、さらに金関恕《かなせきひろし》先生や西谷真《にしたにしん》治《じ》先生が教鞭をとっておられることなどが選択の理由であった。こうして形の上では専門ではないものの（両先生は学芸員資格課程の担当であり、特定の学生を引き受けて卒業論文を指導することはなかった）、考古学者の指導を受けることになったのである。

大学二年生の夏休みに、金関先生に従って山口県下関市の岩谷《いわや》古墳の発掘調査に参加した。このことが私を、古墳研究へと向かわせることになった。この発掘は当時としてはまだ珍しい四区分法（墳丘を、墳頂部を中心として、直交する墳裾に至る二本の断面観察用畔を残して全面発掘する方法）による墳丘の全面剝ぎ取り調査を実施した。このため、墳丘の内部で儀礼の痕跡を発見した。また、墳丘の築成過程にはいくつかの段階があり、儀礼とも密接に関連することなど、外からみただけではわからないことを多く実見できた。この体験は、後々ある事象を表面だけからみるのではなく、隣接科学への配慮を含めて多面的に分析する必要性を自覚させることになった。また考古学は物質資料を研究の素材とする学問であることから、資料の形態的把握や分類に偏りがちであるが、それらを造り使った人々の心情にも留意するべき必要性をも学ぶことができた。本書の前半で強調したように、古墳を政治的意義のみで解釈するのではなく、社会的意義にも配慮すべきであるとの自覚を持ち、さらにはその背景にある人々の動向にも深く関心を抱くようになった原点はここにあるといって相違ない。

その後、関西大学大学院に進学して網干善教《あぼしよしのり》先生から指導を受けることになり、牽牛子《けんごし》塚《づか》古墳など重要遺跡の調査に参加した。また宮内庁書陵部に就職して巨大古墳の数々を調査するという僥倖にも恵まれた。しかし、多くの研究者が墳丘規模の比較や副葬品の分析に集中している現状には常に不満を持っていた。もちろん、それらの研究に問題があるのではなく、多面的分析を欠く現状に対する不満である。ただ、多面的研究の具体的な方法が見いだせないままに時間が経過していった。

一二年間の宮内庁勤務の後、縁あって専修大学に移籍したが、両機関の研究者から多くの刺激を受けた。とくに宮内庁では古代史や中世史などの文献史学者、専修大学では社会人類学や社会学など他分野の研究者との出会いによって、新しい研究の視点を徐々に形成することができた。本書にこうした視点が生かされているとすれば、出会った人々から受けた影響によるところ大なるものがある。

ところで、私は国家の成立時期を七世紀後半に考えており、古墳時代は形成期とみる。しかし、本書は国家論を論じたものではなく、古墳に対する筆者の総合的考察を紹介するとともに、その入門書としての性格をもあわせもっている。そこで、この問題に関してはその前提となる実態を考究するという方針で執筆した。したがって、政治的観点に基づく分析のほか、社会的観点からの分析、渡来人の存在と歴史的意義など、執筆内容についてもできる限り多面的に行うように配慮した。そもそも国家論を論じるためには、何をもって国家と認定するかの指標が必要であり、歴史観の異なる研究者によっては当然指標も異なる。上述のとおり、本書執筆の目的は筆者の歴史観を披歴することではない。したがって古墳時代がすでに国家段階か否か、あるいは古墳時代の中に変革期があっていずれかの時点で国家段階に入った、などの問題や見解については、読者の判断にゆだねたい。

最後に本書執筆を熱心に勧めてくれた吉川弘文館の大岩由明さんと編集の岡庭由佳さんに満腔の謝意を表したい。

二〇一一年二月

土生田純之

参考文献

赤松啓介『古代聚落の形成と発展過程』明石書店　1990年
網干善教「八角方墳とその意義」『橿原考古学研究所論集』第５集　吉川弘文館　1979年
尼子奈美枝「後期古墳の階層性」　関西大学文学部考古学研究室編『考古学論叢』関西大学　1993年
石部正志「群集墳の発生と古墳文化の変質」　井上光貞ほか編『東アジア世界における日本古代史講座４　朝鮮三国と倭国』学生社　1980年
石部正志・田中英夫・宮川徏・堀田啓一「畿内大形前方後円墳の築造企画について」『古代学研究』第89号　1979年
井上光貞「カモ県主の研究」　坂本太郎博士還暦記念会編『日本古代史論集』上巻　吉川弘文館　1962年
岩崎卓也「関東地方東部の前方後円墳形小墳」『国立歴史民俗博物館研究報告』第44集　1992年
岩原　剛「渥美湾沿岸部の古墳時代後期の首長墳について」『磯部大塚古墳』豊橋市教育委員会　1998年
上田宏範『増補新版　前方後円墳』学生社　1996年
宇野隆夫「前方後方形墳墓体制から前方後円墳体制へ―東日本から見た日本国家の形成過程―」　金関恕・置田雅昭編集代表『古墳文化とその伝統』勉誠社　1995年
大塚考古学研究会「長野県における古墳の地域的把握」　東京教育大学昭史会編『日本歴史論究―考古学・民俗学編―』文雅堂銀行研究社　1964年
大塚昌彦「群馬の積石塚（１）―利根郡の積石塚―川額軍原Ｉ遺跡の再検討を中心として」『群馬考古学手帳』９　1999年
小野山節「５世紀における古墳の規制」『考古学研究』第16巻第３号　1970年
加藤　稔「最上川流域の古墳時代史」『山形県立博物館研究報告』第11号　1990年
門脇禎二『葛城と古代国家』教育社　1984年
鐘方正樹「北周墓と横口式石槨」　茂木雅博編『日中交流の考古学』同成社　2007年
亀田修一「吉備と大和」　土生田純之編『古墳時代の実像』吉川弘文館　2008年
川崎利夫「置賜地域における横穴式石室の築造年代について」『うきたむ考古』第５号　2001年

河村好光「後期古墳の編成秩序とその展開」『考古学研究』第27巻第1号　1980年
岸　俊男「ワニ氏に関する基礎的考察」 大阪歴史学会編『律令国家の基礎構造』吉川弘文館　1960年
北野耕平「中期古墳の副葬品とその技術史的意義—鉄製甲冑における新技術の出現—」 橿原考古学研究所編『近畿古文化論攷』吉川弘文館　1963年
北野博司「置賜地域の横穴式石室」 川崎利夫編『出羽の古墳時代』高志書院　2004年
栗岩英治「大化前後の信濃と高句麗遺跡」『信濃』第17巻第5・6号　1938年
小林行雄『古墳の話』岩波書店　1959年
小林行雄『古墳時代の研究』青木書店　1961年
小林行雄「神功・応神紀の時代」『朝鮮学報』第36輯　1965年
近藤義郎『前方後円墳の時代』岩波書店　1983年
近藤義郎『前方後円墳の成立』岩波書店　1998年
近藤義郎ほか『佐良山古墳群の研究』津山市　1952年
斎藤　忠「屋根型天井を有する石室墳に就いて」『考古学雑誌』第34巻第3号　1944年
坂口　一「五世紀代における集落の拡大現象」『古代文化』第42巻第2号　1990年
重松明久「古墳築造の宗教思想的背景」『古代国家と宗教文化』吉川弘文館　1986年
篠川　賢『日本古代国造制の研究』吉川弘文館　1996年
小林良光ほか『空沢遺跡第8次—Q・R・S地点発掘調査報告書—』渋川市教育委員会　1989年
白石太一郎「岩屋山式の横穴式石室について」『ヒストリア』第49号　1967年
白石太一郎「畿内における大型古墳群の消長」『考古学研究』第16巻第1号　1969年
白石太一郎「畿内における古墳の終末」『国立歴史民俗博物館研究報告』第1集　1982年
白石太一郎「大型古墳と群集墳—群集墳の形成と同族系譜の成立—」『古墳と古墳群の研究』塙書房　2000年
白石太一郎『近畿の古墳と古代史』学生社　2007年
菅谷文則「八角堂の建立を通じてみた古墳終末期の一様相」『史泉』第40号　1970年
清家　章『古墳時代の埋葬原理と親族構造』大阪大学出版会　2010年
関　　晃「大化のいわゆる薄葬令について」 古代史談話会編『古墳とその時代1』朝倉書店　1958年

薗田香融「皇祖大兄御名入部について—大化前代における皇室私有民の存在形態—」『日本書紀研究』第３冊　塙書房　1968年
薗田香融「岩橋千塚と紀国造」『日本古代の貴族と地方豪族』塙書房　1992年
高田貫太「垂飾付耳飾をめぐる地域間交渉」『古文化談叢』第41集　1998年a
高田貫太「古墳副葬鉄鉾の性格」『考古学研究』第45巻第１号　1998年b
高取正男『神道の成立』平凡社　1979年
高橋克壽「埴輪生産の展開」『考古学研究』第41巻第２号　1994年
高橋千晶「山形県の横穴式石室と前方後円墳」『横穴式石室と前方後円墳』東北・関東前方後円墳研究会　1997年
武末純一「弥生環溝集落と都市」田中琢・金関恕編『古代史の論点３　都市と工業と流通』小学館　1998年
辰巳和弘「密集型群集墳の特質とその背景」『古代学研究』第100号　1983年
田中晋作「古墳群の構造変遷からみた古墳被葬者の性格（上）（下）」『古代学研究』第98・99号　1982・83年
田中良之『古墳時代親族構造の研究』柏書房　1995年
田中良之『骨が語る古代の家族』吉川弘文館　2008年
玉城一枝「讃岐地方の前期古墳をめぐる2、3の問題」『末永先生米寿記念献呈論文集　乾』奈良明新社　1985年
寺沢　薫「纒向型前方後円墳の築造」『同志社大学考古学シリーズⅣ　考古学と技術』1988年
都出比呂志「前方後円墳出現期の社会」『考古学研究』第26巻第３号　1979年
都出比呂志「古墳時代首長系譜の継続と断絶」『待兼山論叢』第22号　1988年
都出比呂志『日本農耕社会の成立過程』岩波書店　1989年
都出比呂志「日本古代の国家形成論序説—前方後円墳体制の提唱—」『日本史研究』第343号　1991年
都出比呂志『前方後円墳と社会』塙書房　2005年
徳江秀夫「上野地域の舟形石棺」『古代学研究』127号　1992年
直木孝次郎「人制の研究—大化前官制の考察、その一—」『日本古代国家の構造』青木書店　1958年
中井正幸「美濃における古墳群の形成とその画期（上）（下）」『古代文化』第48巻第３・４号　1996年
新納　泉「装飾付大刀と古墳時代後期の兵制」『考古学研究』第30巻第３号　1983年
西川　宏「吉備政権の性格」考古学研究会10周年記念論文集編集委員会編『日本考古学の諸問題』考古学研究会　1964年
西嶋定生「古墳と大和政権」『岡山史学』第10号　1961年
西嶋定生「古墳出現の国際的契機」『日本の考古学　古墳時代（上）月報４』河

出書房　1966年
野上丈助「摂河泉における古墳群の形成とその特質（1）（2）」『考古学研究』第16巻第3・4号　1970年
能登　健「三ッ寺Ⅰ遺跡の成立とその背景」『古代文化』第42巻第2号　1990年
能登健ほか「赤城南麓における遺跡群研究」『信濃』第35巻第4号　1983年
橋本博文「上野の積石塚再論」『東国の積石塚古墳』山梨県考古学協会　1999年
花田勝広「倭王権と鍛冶工房―畿内の鍛冶専業集落を中心に―」『考古学研究』第36巻第3号　1989年
土生田純之ほか「大市墓の墳丘調査」『書陵部紀要』第40号　1989年
浜田晋介「古代橘樹郡の古墳の基礎的研究」『加瀬台古墳群の研究Ⅰ―加瀬台8号墳の発掘調査報告書―』川崎市市民ミュージアム　1996年
東影　悠「桜井茶臼山古墳 第8次調査」『大和を掘る28』奈良県立橿原考古学研究所附属博物館　2010年
菱田哲郎「畿内の初期瓦生産と工人の動向」『史林』第69号第3号　1986年
平野邦雄「吉備氏と和気氏」 近藤義郎・上田正昭編『古代の日本4　中国・四国』角川書店　1970年
服藤早苗『家成立史の研究』校倉書房　1991年
藤森栄一『古墳の地域的研究』永井出版企画　1974年
古屋紀之『古墳の成立と葬送儀礼』雄山閣　2007年
北條芳隆「墳丘に表示された前方後円墳の定式とその評価―成立当初の畿内と吉備の対比から―」『考古学研究』第32巻第4号　1986年
前園実知雄「大和における飛鳥時代の古墳の分布について」『末永先生米寿記念献呈論文集　乾』奈良明新社　1985年
間壁葭子「8・9世紀の古墳再利用について」『日本宗教社会史論叢（水野恭一郎先生記念論文集）』国書刊行会　1982年
丸山竜平「古墳と古墳群（上）（中）」『日本史論叢』6・7　1976・77年
右島和夫「東国における埴輪樹立の展開とその消滅―上野地域の事例を中心として―」『古文化談叢』第20集（下）　1989年
身崎　壽『宮廷挽歌の世界―古代王権と万葉和歌―』塙書房　1994年
水野正好「群集墳と古墳の終焉」 坪井清足・岸俊男編『古代の日本5　近畿』角川書店　1970年
水野正好『日本文明史2　文明の土壌 島国の原像』角川書店　1990年
水野　祐『増訂日本古代王朝史論序説』小宮山書店　1954年
八木勝行「若王子古墳群」『藤枝市史 資料編1考古』藤枝市　2007年
安村俊史『群集墳と終末期古墳の研究』清文堂　2008年
吉田　晶「吉備地方における国造制の成立」『歴史学研究』第384号　1972年
吉留秀敏『堤ヶ浦古墳群発掘調査報告書』福岡市教育委員会　1987年

若狭　徹『古墳時代の水利社会研究』学生社　2007年
和田　萃「殯の基礎的研究」 森浩一編『論集 終末期古墳』塙書房　1973年
和田晴吾「向日市五塚原古墳の測量調査より」 小野山節編『王陵の比較検討』京都大学考古学研究室　1981年
和田晴吾「群集墳と終末期古墳」 山中一郎・狩野久編『新版古代の日本5　近畿Ⅰ』角川書店　1992年

挿図出典一覧

1　清水豊ほか『井出北畑遺跡』群馬県教育委員会　2003年
2　筆者撮影
3　森将軍塚古墳発掘調査団『史跡　森将軍塚古墳―保存整備事業発掘調査報告書―』長野県更埴市教育委員会　1992年
4　手塚孝・亀田昊明・菊地政信『戸塚山古墳群細分布調査報告書―戸塚山古墳群調査報告書第Ⅱ集―』米沢市教育委員会　1984年
5　白石太一郎　2000年にもとづき筆者作成
6　坂靖「豪族居館・集落研究の現状と課題」『季刊考古学』第106号　雄山閣　2009年
7　白石太一郎　2000年
8　日野宏「群集墳にあらわれた古墳時代後期の集団関係について」『古墳文化とその伝統』勉誠社　1995年に筆者加筆
9　奈良県教育委員会『奈良県遺跡地図　第1分冊』奈良県教育委員会　1973年
10　森浩一ほか『岩橋千塚』関西大学考古学研究室　1967年
11　武末純一　1998年
12　八木勝行　2007年
13　河上邦彦ほか『黒塚古墳調査概要』学生社　1999年
14　田中良之・土肥直美「出土人骨から親族構造を推定する」『新しい研究法は考古学になにをもたらしたか』クバプロ　1989年
15　白石太一郎『古墳とヤマト政権』文芸春秋社　1999年
16　埼玉県立さきたま資料館『ガイドブック　さきたま』1998年に一部加筆
17　岩原剛　1998年
18　押方みはるほか『秋葉山古墳群第1・2・3号墳発掘調査報告書』海老名市教育委員会　2002年
19　宮澤公雄「甲斐曽根丘陵における古墳時代前半期の様相―東山・米倉山地域の再検討を通して―」『山梨考古学論集Ⅲ』山梨県考古学協会　1994年
20　白石太一郎「白鳥の帰るところ―古市古墳群の性格をめぐって―」『巨大古墳の時代をめぐって』藤井寺市教育委員会　2008年
21　20に同じ
22　筆者撮影
23　田中晋作　1982・83年
24　大韓民国文化財管理局文化財研究所『皇南大塚Ⅱ（南墳）発掘調査報告書』

1993年
25　東潮ほか『韓国の古代遺跡2　百済・伽耶篇』中央公論社　1989年
26　都出比呂志編『古代史復元6　古墳時代の王と民衆』講談社　1989年
27　都出比呂志　1988年
28　26に同じ
29　亀田修一氏提供
30　都出比呂志　1989年
31　かみつけの里博物館所蔵・写真提供
32　久野正博ほか『内野古墳群』浜北市教育委員会　2000年
33　筆者撮影
34　黒田晃『剣崎長瀞西遺跡Ⅰ』高崎市教育委員会　2002年
35　高崎市教育委員会『剣崎長瀞西遺跡1　浄水場建設に伴う発掘調査報告　第1集』2002年
36　澁谷恵美子『飯田における古墳の出現と展開』飯田市教育委員会　2007年／陳成燮ほか『金泉帽岩洞遺蹟Ⅰ』嶺南文化財研究院　2001年
37　筆者作成
38　渋川市教育委員会『空沢遺跡第8次―Q・R・S地点発掘調査報告書―』1989年
39　吉留秀敏　1987年
40　新納泉　1983年
41　白石太一郎　1967年
42　和田晴吾「畿内・横口式石槨の諸類型」『立命館史学』第10号　1989年
43　42に同じ
44　右島和夫氏提供
45　花田勝広『田辺古墳群・墳墓群発掘調査概要』柏原市教育委員会　1987年
46　筆者撮影

＊　氏名と年次で表記したものは，参考文献に記載の著書・論文を示す．

著者紹介

一九五一年、大阪府出身
一九七四年、天理大学文学部国文学国語学科卒業
一九七八年、関西大学大学院博士前期課程修了
現在、専修大学文学部教授、博士（文学）

主要著書
日本横穴式石室の系譜　黄泉国の成立　古墳時代の政治と社会

歴史文化ライブラリー
319

古墳

二〇一一年（平成二十三）五月一日　第一刷発行
二〇一五年（平成二十七）四月十日　第二刷発行

著者　土生田《はぶた》純之《よしゆき》
発行者　吉川道郎
発行所　株式会社 吉川弘文館
東京都文京区本郷七丁目二番八号
郵便番号一一三―〇〇三三
電話〇三―三八一三―九一五一〈代表〉
振替口座〇〇一〇〇―五―二四四
http://www.yoshikawa-k.co.jp/
印刷＝株式会社 平文社
製本＝ナショナル製本協同組合
装幀＝清水良洋・渡邉雄哉

ISBN978-4-642-05719-6

歴史文化ライブラリー

1996.10

刊行のことば

現今の日本および国際社会は、さまざまな面で大変動の時代を迎えておりますが、近づきつつある二十一世紀は人類史の到達点として、物質的な繁栄のみならず文化や自然・社会環境を謳歌できる平和な社会でなければなりません。しかしながら高度成長・技術革新にともなう急激な変貌は「自己本位な刹那主義」の風潮を生みだし、先人が築いてきた歴史や文化に学ぶ余裕もなく、いまだ明るい人類の将来が展望できていないようにも見えます。このような状況を踏まえ、よりよい二十一世紀社会を築くために、人類誕生から現在に至る「人類の遺産・教訓」としてのあらゆる分野の歴史と文化を「歴史文化ライブラリー」として刊行することといたしました。

小社は、安政四年（一八五七）の創業以来、一貫して歴史学を中心とした専門出版社として書籍を刊行しつづけてまいりました。その経験を生かし、学問成果にもとづいた本叢書を刊行し社会的要請に応えて行きたいと考えております。

現代は、マスメディアが発達した高度情報化社会といわれますが、私どもはあくまでも活字を主体とした出版こそ、ものの本質を考える基礎と信じ、本叢書をとおして社会に訴えてまいりたいと思います。これから生まれでる一冊一冊が、それぞれの読者を知的冒険の旅へと誘い、希望に満ちた人類の未来を構築する糧となれば幸いです。

吉川弘文館

歴史文化ライブラリー

考古学

農耕の起源を探る イネの来た道——宮本一夫
O脚だったかもしれない縄文人 人骨は語る——谷畑美帆
老人と子供の考古学——山田康弘
〈新〉弥生時代 五〇〇年早かった水田稲作——藤尾慎一郎
交流する弥生人 金印国家群の時代の生活誌——高倉洋彰
古　墳——土生田純之
東国から読み解く古墳時代——若狭　徹
銭の考古学——鈴木公雄
太平洋戦争と考古学——坂詰秀一

古代史

邪馬台国　魏使が歩いた道——丸山雍成
邪馬台国の滅亡 大和王権の征服戦争——若井敏明
日本語の誕生 古代の文字と表記——沖森卓也
日本国号の歴史——小林敏男
古事記の歴史意識——矢嶋　泉
古事記のひみつ 歴史書の成立——三浦佑之
日本神話を語ろう イザナキ・イザナミの物語——中村修也
東アジアの日本書紀 歴史書の誕生——遠藤慶太
〈聖徳太子〉の誕生——大山誠一
聖徳太子と飛鳥仏教——曾根正人
倭国と渡来人 交錯する「内」と「外」——田中史生
大和の豪族と渡来人 葛城・蘇我氏と大伴・物部氏——加藤謙吉
白村江の真実　新羅王・金春秋の策略——中村修也
古代豪族と武士の誕生——森　公章
飛鳥の宮と藤原京 よみがえる古代王宮——林部　均
古代出雲——前田晴人
エミシ・エゾからアイヌへ——児島恭子
古代の皇位継承 天武系皇統は実在したか——遠山美都男
持統女帝と皇位継承——倉本一宏
古代天皇家の婚姻戦略——荒木敏夫
高松塚・キトラ古墳の謎——山本忠尚
壬申の乱を読み解く——早川万年
家族の古代史 恋愛・結婚・子育て——梅村恵子
万葉集と古代史——直木孝次郎
地方官人たちの古代史 律令国家を支えた人びと——中村順昭
古代の都はどうつくられたか 中国・日本・朝鮮・渤海——吉田　歓
平城京に暮らす 天平びとの泣き笑い——馬場　基
平城京の住宅事情 貴族はどこに住んだのか——近江俊秀
すべての道は平城京へ 古代国家の〈支配の道〉——市　大樹
都はなぜ移るのか 遷都の古代史——仁藤敦史
聖武天皇が造った都 難波宮・恭仁宮・紫香楽宮——小笠原好彦

歴史文化ライブラリー

悲運の遣唐僧 円載の数奇な生涯――佐伯有清
遣唐使の見た中国――古瀬奈津子
古代の女性官僚 女官の出世・結婚・引退――伊集院葉子
平安朝 女性のライフサイクル――服藤早苗
平安京のニオイ――安田政彦
平安京の災害史 都市の危機と再生――北村優季
天台仏教と平安朝文人――後藤昭雄
藤原摂関家の誕生 平安時代史の扉――米田雄介
安倍晴明 陰陽師たちの平安時代――繁田信一
平安時代の死刑 なぜ避けられたのか――戸川 点
源氏物語の風景 王朝時代の都の暮らし――朧谷 寿
古代の神社と祭り――三宅和朗
時間の古代史 霊鬼の夜、秩序の昼――三宅和朗

中世史

源氏と坂東武士――野口 実
熊谷直実 中世武士の生き方――高橋 修
鎌倉源氏三代記 一門・重臣と源家将軍――永井 晋
吾妻鏡の謎――奥富敬之
鎌倉北条氏の興亡――奥富敬之
都市鎌倉の中世史 吾妻鏡の舞台と主役たち――秋山哲雄
源 義経――元木泰雄
弓矢と刀剣 中世合戦の実像――近藤好和
騎兵と歩兵の中世史――近藤好和
その後の東国武士団 源平合戦以後――関 幸彦
声と顔の中世史 戦さと訴訟の場景より――蔵持重裕
運 慶 その人と芸術――副島弘道
乳母の力 歴史を支えた女たち――田端泰子
荒ぶるスサノヲ、七変化 〈中世神話〉の世界――斎藤英喜
曽我物語の史実と虚構――坂井孝一
親鸞と歎異抄――今井雅晴
日 蓮――中尾 堯
捨聖《すてひじり》一 遍――今井雅晴
神や仏に出会う時 中世びとの信仰と絆――大喜直彦
神風の武士像 蒙古合戦の真実――関 幸彦
鎌倉幕府の滅亡――細川重男
足利尊氏と直義 京の夢、鎌倉の夢――峰岸純夫
地獄を二度も見た天皇 光厳院――飯倉晴武
東国の南北朝動乱 北畠親房と国人――伊藤喜良
南朝の真実 忠臣という幻想――亀田俊和
中世の巨大地震――矢田俊文
大飢饉、室町社会を襲う!――清水克行
贈答と宴会の中世――盛本昌広

歴史文化ライブラリー

歴史文化ライブラリー

歴史文化ライブラリー

帝国日本の技術者たち——沢井　実
〈いのち〉をめぐる近代史 堕胎から人工妊娠中絶へ——岩田重則
戦争とハンセン病——藤野　豊
日米決戦下の格差と平等 銃後信州の食糧・疎開——板垣邦子
「自由の国」の報道統制 大戦下の日系ジャーナリズム——水野剛也
敵国人抑留 戦時下の外国民間人——小宮まゆみ
銃後の社会史 戦死者と遺族——一ノ瀬俊也
海外戦没者の戦後史 遺骨帰還と慰霊——浜井和史
国民学校 皇国の道——戸田金一
学徒出陣 戦争と青春——蜷川壽惠
〈近代沖縄〉の知識人 島袋全発の軌跡——屋嘉比　収
沖縄戦　強制された「集団自決」——林　博史
太平洋戦争と歴史学——阿部　猛
戦後政治と自衛隊——佐道明広
米軍基地の歴史 世界ネットワークの形成と展開——林　博史
沖縄　占領下を生き抜く 軍用地・通貨・毒ガス——川平成雄
昭和天皇退位論のゆくえ——冨永　望
紙　芝　居 街角のメディア——山本武利
団塊世代の同時代史——天沼　香
闘う女性の20世紀 地域社会と生き方の視点から——伊藤康子
女性史と出会う——総合女性史研究会編

丸山真男の思想史学——板垣哲夫
文化財報道と新聞記者——中村俊介

文化史・誌

楽園の図像 海獣葡萄鏡の誕生——石渡美江
毘沙門天像の誕生 シルクロードの東西文化交流——田辺勝美
世界文化遺産　法隆寺——高田良信
語りかける文化遺産 ピラミッドから安土城・桂離宮まで——神部四郎次
落書きに歴史をよむ——三上喜孝
密教の思想——立川武蔵
霊場の思想——佐藤弘夫
四国遍路 さまざまな祈りの世界——星野英紀・浅川泰宏
跋扈《ばっこ》する怨霊 祟りと鎮魂の日本史——山田雄司
藤原鎌足、時空をかける 変身と再生の日本史——黒田　智
変貌する清盛 『平家物語』を書きかえる——樋口大祐
鎌倉　古寺を歩く 宗教都市の風景——松尾剛次
鎌倉大仏の謎——塩澤寛樹
日本禅宗の伝説と歴史——中尾良信
水墨画にあそぶ 禅僧たちの風雅——高橋範子
日本人の他界観——久野　昭
観音浄土に船出した人びと 熊野と補陀落渡海——根井　浄
浦島太郎の日本史——三舟隆之

歴史文化ライブラリー

歴史文化ライブラリー

民俗学・人類学

日本人の誕生 人類はるかなる旅 ―― 埴原和郎
神々の原像 祭祀の小宇宙 ―― 新谷尚紀
女人禁制 ―― 鈴木正崇
民俗都市の人びと ―― 倉石忠彦
鬼の復権 ―― 萩原秀三郎
海の生活誌 半島と島の暮らし ―― 山口 徹
山の民俗誌 ―― 湯川洋司
雑穀を旅する ―― 増田昭子
川は誰のものか 人と環境の民俗学 ―― 菅 豊
名づけの民俗学 地名・人名はどう命名されてきたか ―― 田中宣一
番と衆 日本社会の東と西 ―― 福田アジオ
記憶すること・記録すること 聞き書き論ノート ―― 香月洋一郎
番茶と日本人 ―― 中村羊一郎
踊りの宇宙 日本の民族芸能 ―― 三隅治雄
日本の祭りを読み解く ―― 真野俊和
柳田国男 その生涯と思想 ―― 川田 稔
海のモンゴロイド ポリネシア人の祖先をもとめて ―― 片山一道

世界史

中国古代の貨幣 お金をめぐる人びとと暮らし ―― 柿沼陽平
黄金の島 ジパング伝説 ―― 宮崎正勝
琉球と中国 忘れられた冊封使 ―― 原田禹雄
古代の琉球弧と東アジア ―― 山里純一
アジアのなかの琉球王国 ―― 高良倉吉
琉球国の滅亡とハワイ移民 ―― 鳥越皓之
王宮炎上 アレクサンドロス大王とペルセポリス ―― 森谷公俊
イングランド王国と闘った男 ジェラルド・オブ・ウェールズの時代 ―― 桜井俊彰
魔女裁判 魔術と民衆のドイツ史 ―― 牟田和男
フランスの中世社会 王と貴族たちの軌跡 ―― 渡辺節夫
ヒトラーのニュルンベルク 第三帝国の光と闇 ―― 芝 健介
人権の思想史 ―― 浜林正夫
グローバル時代の世界史の読み方 ―― 宮崎正勝

各冊一七〇〇円～一九〇〇円(いずれも税別)
▽残部僅少の書目も掲載してあります。品切の節はご容赦下さい。